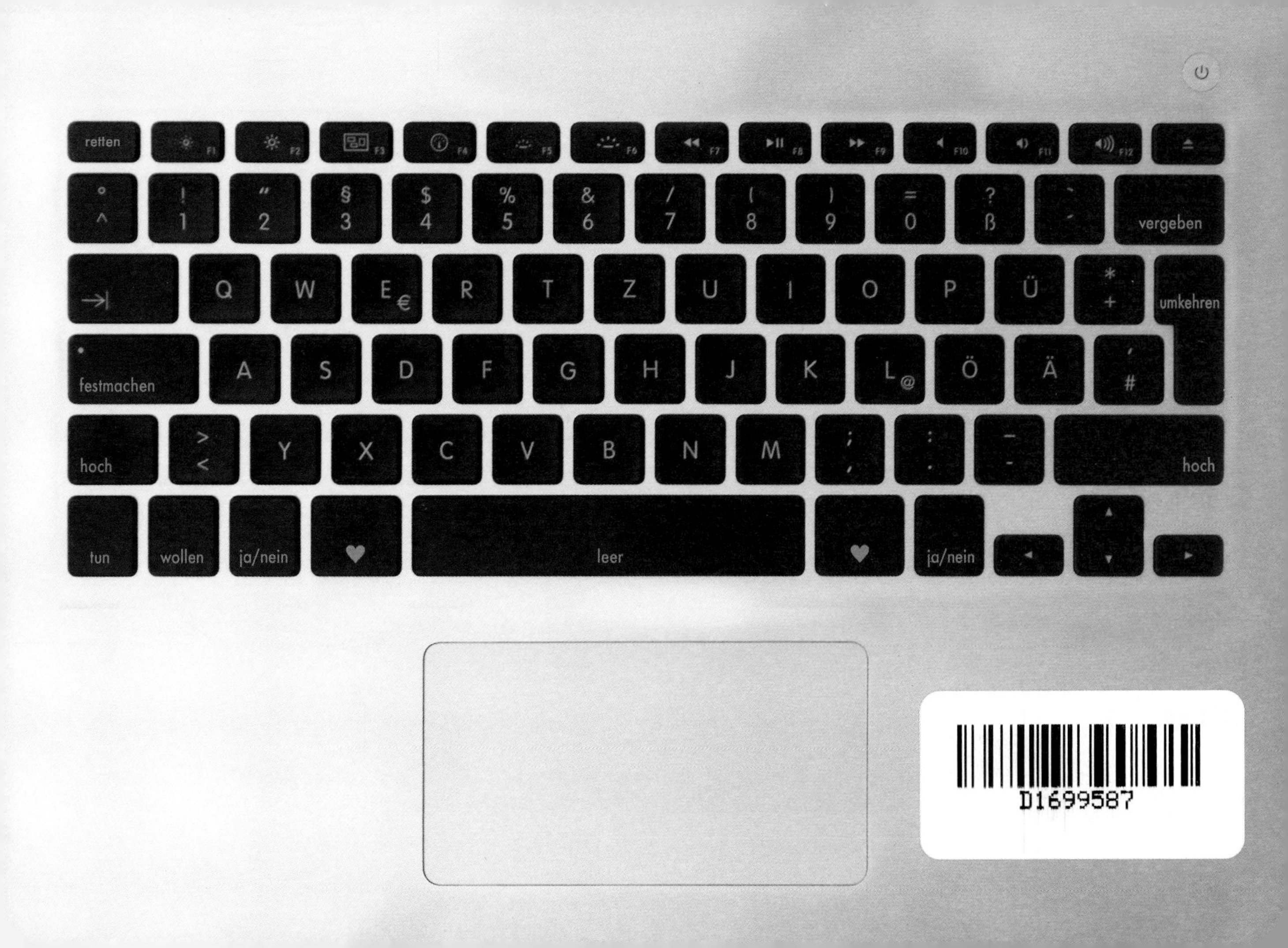
retten
vergeben
umkehren
festmachen
hoch
hoch
tun
wollen
ja/nein
leer
ja/nein

Inhalt

Jeder ist ein Original 012
Der Mensch lebt und
besteht 013
Eine wahre und
wunderbare Geschichte 014
Mein Herz blutet 015
Dankbarkeit 016
Was machst du heute? 018
Licht 019
Ein Vater 020
Vatertag 021
Zerbrochene Herzen......... 022
MutMacherKiste? 023
Nach einem Vortrag vor
Männern 024
Sonntagabend................. 025
Ein Vers, der Halt gibt...... 026
Der Bewegungsmelder 027
Muhammad Ali wird 70...... 028
Du bist Sieger 029
Der Soldat...................... 030
Vater-Sohn-Gottesdienst .. 032
Vater sein 033
Gebet – warum eigentlich?.. 034
Wunderbare Geschichte 035
Das Wunder im Stau......... 035
Dankbarkeit bewahren 036
Das Leben....................... 037
Ein Impuls, den ich selbst
aufschnappte 038
Gedanken über einen
Atheisten....................... 039
Beten ist das Atmen der
Seele 039

Was Weihnachten
besonders macht 040
Gott kommt.................... 040
Sehnsüchte 042
Eindrücke aus Celle 043
Noch nie 044
Gott ist da 045
Verfolgte Christen............ 045
Bodyguard...................... 046
Nachdenklich 047
Ich habe nie aufgehört,
dich zu lieben 048
Wie oft sind wir müde, hoff-
nungslos und ausgebrannt.. 049
Mein Jesus, damals und
heute............................ 050
Karfreitag 051
Extrem 052
So durstig! 054
Hunger in der Welt 055
Abendgedanken 056
Eine Hand 057
Die Hände Jesu 057
Krippe und Kreuz 058
Lass dich nicht vom
Bösen überwinden 059
Keiner geht über die Erde,
den Gott nicht liebt 059
Väter und Mütter,
segnet eure Kinder........... 060
Kleine Pause 061
Wenn Gott mich nicht
heilt, ... 062
Schrecklich 063

Mein Anker 064
Mallorca 064
Gedanken 065
Verloren 066
Nach einer Vortragsreise .. 067
Ein Gebet 068
Wohin sollen wir gehen? .. 069
Der Herr ist mein Hirte 070
Kinderwunsch.................. 071
Keiner war bei der
Evolution dabei 072
Der Zufall kennt keine
Ordnung 073
Da ist einer 074
Alle 3 Minuten 076
Das Geschenk 076
Männer reden nicht gerne.. 077
Wo Liebe fehlt,
wächst Gewalt 078
Gebetserhörung 079
Titanic 079
Die Sehnsucht nach
Abenteuer 080
Die Menschen
verschmachten vor Angst.. 081
Wahnsinnsangebot 081
Frauenfrühstück 082
Gedanken zum
Weltfrauentag 083
Die Umarmung 083
Kinderfragen................... 084
Nur eine Frage 086
Seltsame Gedanken 087
Er ist immer da................ 088

Ein Lächeln..................... 089
Engel............................. 090
Vergeben macht frei 091
Ich bin Mandy 092
Impulse nach einem
Männertag 094
Nach einem Vortrag in
Nürnberg 095
Drucksituationen 096
Gottes Liebe 097
Die Liebe meines Lebens .. 098
Liebeszeugnis................. 099
Am Nullpunkt 100
Sturm „Sandy" bedroht
New York........................ 102
Totalschaden 103
Gedanken zum prophe-
zeiten Weltuntergang 104
Gott hat Humor 105
Schuld und Scham 106
Helden 107
Eltern ehren 108
Wahre Liebe 109
Himmelfahrt: Meine
Gefühle und Gedanken 109
Als Gott uns schuf 109
Vater 110
Zugfahrt des Lebens 111
Impulse aus Landshut 111
Einer bleibt 112
Dein Gebet 113
Impressum 114
Interessante Links 114
Bibelzitate Auswahl 114

Wohin mit der Energie, die in jedem Menschen steckt? Was passiert, wenn wir uns nicht mehr austoben, an unsere Grenzen gehen oder wenn Jungs nicht mehr raufen dürfen? Was passiert, wenn Sehnsüchte nicht mehr gestillt werden?

Gemeinschaft

Außerdem gehen wir immer weniger raus in die Natur. Wer vor dem Meer steht, wer Berge oder einen Wasserfall sieht, der erkennt den Schöpfer in der Schöpfung. Nie zuvor haben sich mehr Menschen das Leben genommen, nie zuvor waren die Psychiatrien und psychosomatischen Kliniken so überfüllt und ausgebucht wie heute. Wir sollten nicht vergessen, dass alle Menschen Gemeinschaft brauchen. Das steht in der Bibel: „Es ist nicht gut, dass der Mensch allein sei."

Der Mensch

Mein Leben ist bis jetzt sehr bewegt gewesen. Seit 20 Jahren bin ich in der Gewaltprävention tätig und beschütze parallel dazu als Personenschützer viele Menschen aus den Bereichen Show, Kirche, Politik, Sport und Adel. Ich habe viel Gewalt erlebt und viel Grausames gesehen. Nichts ist für den Menschen schlimmer als der Mensch. Die Römer hatten ein Sprichwort: „Homo humini lupus." Ein Mensch wird dem Menschen zum Wolf.

Jesus Christus

In all dieser Dunkelheit ist Jesus Christus der Mittelpunkt meines Lebens, mein fester Anker und mein Zufluchtsort. In meiner Kindheit und Jugend, die nicht ganz einfach waren, durfte ich erleben, was es bedeutet, auf Gott zu vertrauen. Mit 18 habe ich sogar für eine kurze Zeit auf der Straße gelebt. Doch in all dem habe ich mich trotzdem nie allein gefühlt. Von Menschen verlassen, aber nicht von Gott.

Facebook ...

Lange Zeit habe ich mich geweigert, bei Facebook Mitglied zu werden. Doch in meiner vielseitigen Arbeit in Schulen, Heimen, Firmen und Gemeinden habe ich Folgendes festgestellt: Wenn ich den Menschen begegnen möchte, muss ich da hingehen, wo sie sind. Alles kann zum Segen oder Fluch werden, entscheidend ist die Motivation, die dahintersteckt.

Freundschaft?

Vor drei Jahren habe ich mich bei Facebook registrieren lassen. Innerhalb kürzester Zeit hatte ich Tausende Facebook-Freunde. Das Wort Freundschaft verliert hier allerdings seinen Wert. Ein Freund ist etwas ganz anderes als eine Person, die man noch nie gesehen hat. Trotzdem habe ich dieses Medium benutzt, um meine Gedanken den Menschen mitzuteilen. Ich ließ sie teilhaben an meinen Projekten, Gefühlen und Meinungen und bat um Gebet für todkranke Menschen. Parallel dazu erlebte ich die schwerste Zeit meines Lebens. Meine Frau und meine Tochter hatten vor einiger Zeit einen grausamen Autounfall. Dazu starben in den letzten Jahren viele Familienmitglieder und Freunde.

Wie die MutMacherkiste entstand ...

So sind in den letzten Jahren viele Einträge, faszinierende und unbeschreibliche Geschichten über Wunder und Vergebung entstanden. Dazu kamen viele Gebetseinträge aus tiefstem Herzen. Tausende von Menschen wurden tief berührt.
Es gab solche, die an Abgründen standen und neuen Lebensmut fassten, weil das richtige Wort zur richtigen Zeit kam. All diese Einträge bilden die Basis für die MutMacherKiste. Daneben habe ich noch einige sehr persönliche Beiträge von mit mir befreundeten Personen aufgenommen.

Ich hoffe, dass auch du, lieber Leser, liebe Leserin, findest, was du brauchst – vielleicht nicht unbedingt, was du dir wünschst.
Ich ermutige dich, mit den Augen des Herzens zu lesen. In diesem Buch sind sehr emotionale und nachdenkliche Einträge abgedruckt. Es ist eine Schatzkiste für den, der auf der Suche nach Anerkennung und nach dem Wert und Sinn des Lebens ist.

Gemeinsam geht's leichter

Setze dir kleine Ziele und sporne dich selbst an. Wenn du dich schwer tust und Unterstützung brauchst, triff dich in einer Gruppe. Arbeitet miteinander verschiedene Dinge durch. Entdecke die Wunder, die sich in deinem Leben und im Leben der Teammitglieder ereignen. Besonders uns Männern fällt es sehr schwer, miteinander

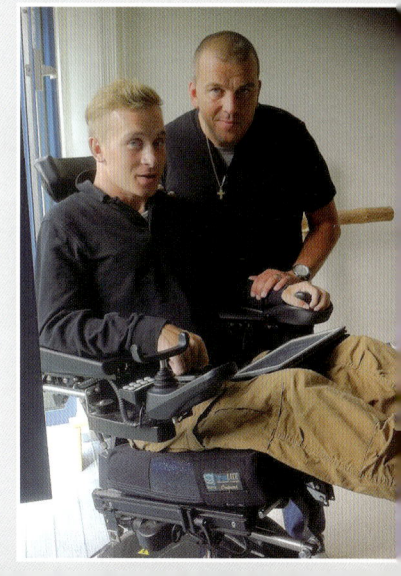

zu reden. Doch wenn einer anfängt, dann machen andere mit. Mache den Anfang und lade andere zur gemeinsamen Schatzsuche ein. Arbeite dich durch die „MutMacherKiste" durch und bestaune Gottes wundersames Wirken.

Bedenke bitte: Warum sollte Gott Schritte für dich tun, wenn du selbst laufen kannst? Bitte ihn, dein Wegbegleiter zu sein. Du wirst seine Nähe erkennen.
Teile deine Erfahrungen mit, und gib bitte die „Gute Nachricht" weiter.

Ich hoffe, dass dir dein Herz dann immer wieder sagt: Gefällt mir. ☺
Viel Freude beim Lesen wünscht dir

Michael Stahl

☐ Gefällt mir   ☐ Weitererzählen   ☐ Kommentieren   14. März 2013

Jeder ist ein Original

Geburt – 6 Jahre beim Tod des Vaters (Krebs) – Umzug von Ludwigsburg nach Karlsruhe – 7 Jahre beim Tod der Mutter (Krebs) – aufgewachsen bei den wunderbaren Großeltern und der klasse Tante – mit 13 Jahren Adoption durch diese Tante – beim Klauen erwischt als 16-Jähriger – Sozialarbeit – erfrischende CVJM-Jugendgruppe – mit 19 Jahren Abi – mit 20 Jesus zum Herrn meines Lebens gemacht – bei der Hochzeit mit meiner Traumfrau Heike war ich 22 – als Grafiker selbstständig mit 23 Jahren – 4 klasse Söhne – 3 Bandscheibenschäden, alle von Gott auf einmal geheilt – ...
Ich kann die Hand Gottes in meinem Lebens rückblickend sehen. Er war da, in den tiefsten Tiefen und den höchsten Höhen. Gott ist treu. Das gibt mir Sicherheit, eine Sicherheit, die ich mir nirgends kaufen kann.
Jeder ist ein Original, jeder hat eine andere Geschichte. Deshalb: Sei Nachfolger deines Schöpfers, bleib dir selbst treu und vergleiche dich nicht mit anderen.
Gottes reichen Segen wünsche ich dir von Herzen

Rainer Zilly

„Von allen Seiten umgibst du mich, ich bin ganz in deiner Hand." (Psalm 139,5)

☐ Gefällt mir   ☐ Weitererzählen   ☐ Kommentieren   5. Mai 2013

Der Mensch lebt und besteht

Der Mensch lebt und besteht
nur eine kleine Zeit;
und alle Welt vergeht
mit ihrer Herrlichkeit.
Nur einer, der ist ewig
und wir in seinen Händen.
Und der ist allwissend.

Mit diesen Worten nach Matthäus Claudius geht Michael Stahl auf die Menschen zu, um ihnen klarzumachen, wie notwendig es ist, sich mit Gott anzufreunden. Die Zeit sollte sinnvoller verbracht werden, als vor irgendwelchen Kisten zu vereinsamen. Wer das begriffen hat, ist auf dem richtigen Weg!

Herzlichst
Ihr Gotthilf Fischer – Chorleiter der von ihm gegründeten Fischer-Chöre

☐ Gefällt mir   ☐ Weitererzählen   ☐ Kommentieren   10. April 2013

▶ Das gilt für dich ganz persönlich:

„Gott hat die Menschen so sehr geliebt, dass er seinen einzigen Sohn hergab. Nun werden alle, die sich auf den Sohn Gottes verlassen, nicht zugrunde gehen, sondern ewig leben."
(Johannes 3,16)

Eine wahre und wunderbare Geschichte

Heute Mittag spürte ich, ich sollte dringend in meine Sportschule gehen. Ich hatte es nicht vor, gab aber dem Drängen nach. Dort angekommen, kam nach kurzer Zeit „zufällig" ein Mann herein. Er ist aus Sachsen-Anhalt und hatte geschäftlich in dieser Region zu tun. Ich zeigte ihm meine Sportschule und erzählte von unserer Arbeit. Als das Gespräch auf Gott kam, wiegelte er sofort ab und meinte, dass er damit nichts zu tun hat.

Ich sagte ihm, dass ich mir sicher bin, Gott hätte ihm etwas zu sagen. Spontan und direkt fragte ich ihn, ob er Kinder hat. Da wurde er sehr traurig und sein leerer Blick vermischte sich mit Bitterkeit und Sehnsucht. „Ja", gab er zur Antwort, und dass er sie seit der Wende nicht mehr gesehen hat. Unser Gespräch wurde immer tiefer. Hätte ich dem Drängen nicht nachgegeben, wäre ich diesem Mann nicht begegnet. Der Mann versprach, mein Buch „Vater-Sehnsucht" zu lesen, das ich ihm schenkte. Dann machte er sich auf, seine drei Kinder zu suchen. Er meinte, das wird schwer. Ich sagte, falls er selber nicht beten kann, mache ich das für ihn. Dieser Mann war unbeschreiblich berührt.

So ist Gott, liebe Freunde.
Er kennt unsere Bitterkeit und unsere Sehnsüchte. Bitte betet für den Mann! Gott versprach auch ihm: „Siehe, ich mache alles neu." (vgl. Offenbarung 21,5)

Beten wir dafür, dass er seine erwachsenen Kinder in die Arme schließen kann und dass Vergebung stattfindet.
Nach der Vergebung kommt die Versöhnung. Wir alle machen Fehler, aber dafür starb Jesus.

„Jesus nimmt jeden, wie er ist, er lässt aber keinen, wie er war."

☐ Gefällt mir   ☐ Weitererzählen   ☐ Kommentieren   Juni 2012

▶ Wo gibt es bei dir noch Bitterkeit und Unvergebenes?

▶ Bring es zu Jesus, er macht alles neu. Und geh auch zu den Menschen, mit denen du noch nicht im „Reinen" bist. Lass dir die richtigen Worte schenken. Gott steht dir bei.

Mein Herz blutet

Diese Woche habe ich mit Hunderten von Kids gearbeitet. Mein Herz blutete. Verletzungen, Chaos, Konzentrationslosigkeit, Beleidigungen u.v.m. Und doch auch so viel Gutes. Die Sehnsucht nach Vätern und Müttern, nach Freundschaften, Natur und Sport. Sehnsucht nach Anerkennung und Liebe.

Danke an meine Teams in Bopfingen, Aalen und Nürnberg, die mir den Rücken freihalten. Danke auch an meine Familie und besonders an meinen Boss!

Liebe Grüße, Euer Michael

☐ Gefällt mir   ☐ Weitererzählen   ☐ Kommentieren   29. Oktober 2012

▶ Für wen oder was schlägt dein Herz?

Dankbarkeit

Dankbar bin ich, wenn ich auf das ausgehende Jahr zurückblicke.
Ich durfte ca. 120 Vorträge halten und sprach vor Tausenden von Menschen.
Über TV und sonstige Medien erreichte ich Millionen. Dafür bin ich dankbar,
dass ich all das Gute, das Gott mir gab, den Menschen näher bringen durfte.
Ich bin dankbar, dass meine Frau ihre beiden Operationen gut überstanden hat.
Ich bin dankbar, dass es meinen Kindern gut geht.
In diesem Jahr verlor ich meinen lieben Onkel, der wie ein Vater zu mir war.
Ich bin für alles dankbar, was ich von ihm lernen durfte. Ich bin dankbar, dass wir
vor seinem Tod zusammen beten konnten.
Ich bin dankbar, dass wir Tausenden von Menschen Rat und Wertschätzung geben
durften und dass ich mit eurer Hilfe vielen Menschen helfen konnte. Sachspenden,
Geldspenden u.v.m.
Ich bin dankbar, dass viele von euch für Menschen in Not gebetet haben.
Am 7.11. hatte ich einen schweren Autounfall mit Totalschaden. Ich bin dankbar,
dass Gott meine Freunde und die Unfallverursacherin vor größerem Schaden
bewahrt hat und wir alle überleben durften.
Leider verlor ich in diesem Jahr einige Menschen, die mir ans Herz gewachsen
waren. Ich bin dankbar, dass ich sie im Sterben ein Stück begleiten durfte. Das
gab mir die Kraft zu erleben, welchen Frieden sie hatten, als sie zu Jesus beteten.
Ich bin dankbar, dass ich sie begleiten durfte.

▶ Für was bist du dankbar?
Notiere alles auf und
bedanke dich für jeden
einzelnen Punkt bei Jesus.
Nicht nur heute.

Ich bin für alles dankbar, für Familie, Freunde und Beruf. Es gab Zeiten in meinem Leben, da hatte ich all dies nicht. Ich bin dankbar zu wissen, wem ich Danke sagen kann. Ich bin dankbar, dass ich vergeben kann, denn Vergeben macht frei.
Ich bitte auch auf diesem Wege alle, denen ich Unrecht tat, um Vergebung, damit ihr dieselbe Freiheit habt.
Danke für alle Menschen, die mich so nehmen, wie ich bin, trotz meiner Ecken und Kanten.
Ich danke Gott, der mich bewahrt hat, der mir alle meine Schuld vergibt und mich so liebt, wie ich bin.
Danke, dass ich für alle beten kann, die über mich lachen, die gegen mich sind, und alle jene, die mich ablehnen. Das macht mein Leben reich und schenkt mir eine unbeschreibliche Freiheit.
Danke, Jesus, dass ich treu zu Dir stehen kann, dass Du mir die Kraft gibst, treu zu sein. Es hat mich schon viele Freundschaften gekostet, viele Angriffe, viel Spott und Hohn. Aber Du hast uns angekündigt, dass die Welt gegen die sein wird, die Dich lieben. Obwohl ich das weiß, ist es nicht immer leicht.

„Wenn alle gegangen sind, Du bleibst,
wenn alle fort sind, Du bist da,
wenn mich alle fallen lassen, Du trägst mich."
Gottes liebevollen, schützenden und Mut machenden Segen für 2013 sendet euch und euren Lieben – Euer Michael Stahl ☺

☐ Gefällt mir   ☐ Weitererzählen   ☐ Kommentieren   29. Dezember 2012

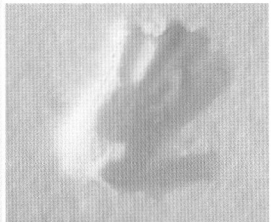  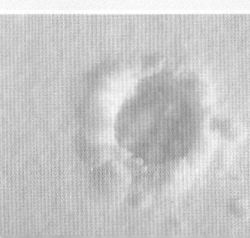

OHNE HEUTE KEIN MORGEN !

Was machst du heute?

HEUTE – leiden Millionen, die morgen zur Arbeit oder in die Schule müssen.

HEUTE – freuen sich Menschen, weil sie morgen andere quälen.

HEUTE – beten Menschen, dass es morgen nicht so schlimm wird.

HEUTE – leben Millionen in Angst.

HEUTE – vergisst man das Heute, aus Angst vor morgen.

HEUTE – können wir uns alle ändern.

HEUTE – können wir mit einem Anruf Frieden machen.

HEUTE – können wir anderen die Ängste nehmen.

HEUTE – können wir uns einmischen.

HEUTE – können wir einen Neuanfang machen.

HEUTE – ist der erste Tag deines neuen Lebens.

HEUTE – kannst du die Welt verändern.

HEUTE – können wir zu Engeln für andere werden.

HEUTE – können Helden geboren werden.

HEUTE – können Mädchen und Frauen ihre innere Schönheit entdecken.

HEUTE – kannst du die Welt verändern, auch wenn es nur die Welt um dich herum ist.

HEUTE – darfst du in dein Herz schauen, darüber nachdenken und diese Botschaft an alle weitergeben.

Nun liegt es an dir, was du HEUTE machst.

Gott gab dir die Gabe, die Welt zu verändern, fang HEUTE damit an.

Morgen kann es schon zu spät sein.

☐ Gefällt mir   ☐ Weitererzählen   ☐ Kommentieren

▶ Verändere HEUTE etwas, was du schon lange verändern wolltest. Schreib es auf und lebe.

Licht

Alles Leben reckt sich dem Licht der Sonne entgegen.
Kein Leben ohne Licht.
Glückshormone werden ausgeschüttet.
Die Seele tanzt.

Doch welches Licht brauchen wir tatsächlich in unserem Leben?
Aber es gibt auch Lichter, die blenden.
Jesus Christus spricht: „Ich bin das Licht der Welt." (Johannes 8,12)

☐ Gefällt mir   ☐ Weitererzählen   ☐ Kommentieren   Juli 2012

▶ Nimm das Versprechen von Jesus ernst.

Ein Vater

- ist der mächtigste Mensch im Leben eines Kindes.
- ist dazu geboren, in Liebe zu führen und zu begleiten.
- sollte seinem Sohn so oft es geht sagen: „Du bist ein toller Kerl!"
- sollte seiner Tochter sagen: „Du bist unendlich schön und wertvoll!"

Tausende Jungs hab ich gefragt: Was wäre dein sehnlichster Wunsch mit VATER zu tun? Sie wollen nicht Fernseh gucken, am PC sitzen oder an der PlayStation®. Sie wollen ein Baumhaus bauen, klettern, Fußball spielen usw.

Wir VÄTER sind ihre ersten Helden!
Wie soll ich den Menschen von GOTT als VATER erzählen,
wenn die VÄTER keine Zeit mehr haben oder schon weggegangen sind?

Ich bitte euch, liebe Väter, lernt aus meinen Fehlern. Ich zeige nicht auf andere, sondern auf mich selbst. Öffne dein Herz.

▶ Du bist ein Vater, dann rede und motiviere deine Kinder, schenke ihnen Zeit.

▶ Du bist ein Sohn, dann rede offen mit deinem Vater über eure Beziehung.

Redet viel über Positives, was euch guttut.
Öffnet eure Herzen füreinander!

☐ Gefällt mir   ☐ Weitererzählen   ☐ Kommentieren

Vatertag

Wann hast du deinem Vater zum letzten Mal gesagt, dass du ihn lieb hast?
Egal, ob du von ihm verletzt, enttäuscht oder nur selten beachtet wurdest.
Wann hast du ihm deine Liebe zum letzten Mal bekundet?
Es ist schon komisch: man kann dreckige Witze erzählen, mobben, lästern und sonstigen Blödsinn erzählen. Aber können wir unseren Eltern noch sagen, dass wir sie lieben?
In der Bibel steht im 4. Gebot: „Du sollst Vater und Mutter ehren, dann wird es dir gut gehen." (vgl. 2. Mose 20,12)
Nicht nur, wenn sie lieb und nett sind und alle Wünsche erfüllen. Nein, liebe und ehre sie immer. Komm und erlebe genau das Wunder, das ich auch erlebt habe. Gehe zu deinen Eltern, nimm sie in den Arm und sage ihnen, dass du sie liebst.
Du sehnst dich nach einem Wunder? Sei selbst das Wunder und gehe diesen Weg.
Es ist dir zu schwer? Es war zu viel Schmerz? Aus eigener Kraft geht es eben nicht.
Bitte Gott, dich zu begleiten. „Denn mit meinem Gott kann ich über Mauern springen!"

☐ Gefällt mir   ☐ Weitererzählen   ☐ Kommentieren

▶ Du willst ein Wunder erleben?
▶ aufstehen
▶ lieben
▶ kämpfen
▶ siegen ...
... wunderbar mit der Hilfe von Jesus

Zerbrochene Herzen

Gerade eben fuhr ich auf der B 29, als ich einen stockbetrunkenen Mann am Straßenrand sah. Beinahe stürzte er auf die Straße. Niemand hielt an. Wirklich niemand. Also, es geht hier echt nicht um mich, bitte nicht falsch verstehen.
In meinem Herzen war mir klar: kehre um und schau nach ihm.
Ich parkte am Straßenrand und knipste die Warnblinkanlage an.
Ich lief auf ihn zu und bat ihm meine Hilfe an. Ein weiterer Passant lief mit Blick zum Boden wortlos an uns vorbei. Kurz danach fuhr ich den Mann nach Hause.
Er erzählte mir seine traurige Lebensgeschichte. Als ich ihm sagte, dass Gott ihn sehr liebt und ihm helfen möchte, brach er in Tränen aus.
Ich gab ihm mein Buch. Er versprach mir, erst zu schlafen und dann darin zu lesen und zu beten.
Nun weiß er, dass Gott ihn nicht vergessen hat.

„Der Herr ist nahe denen, die zerbrochenen Herzens sind." (vgl. Psalm 34,19)

□ Gefällt mir   □ Weitererzählen   □ Kommentieren   Juni 2012

▶ Lässt du dich von Gott auf deinen Wegen oder bei deinen Plänen unterbrechen?

Achte darauf – höre auf dein Herz.

Und gehorche auch in ungewöhnlichen Situationen.

Du bist ein Segen und wirst immer wieder neu gesegnet.

MutMacherKiste?

Nun ja, ich bin der Sohn eines Handwerkers und denke bei Kiste zuerst mal an eine Werkzeugkiste. Werkzeuge werden meistens von jemandem benutzt, um etwas herzustellen, etwas zu reparieren. Menschen können auch Werkzeuge sein. Auch sie können sich benutzen lassen. Zum Beispiel, um anderen Menschen zu helfen, ihre Probleme, ihr verkorkstes Leben zu „reparieren" oder ihnen bzw. in ihnen etwas Neues aufzubauen.

Um als Werkzeug zu funktionieren, braucht es jemanden, der es führt. Gott ist der Handwerker. Er freut sich, wenn er viele gute Werkzeuge vorfindet, und er wird keines von ihnen als unnötig betrachten. Er wird jedes benutzen. Das Werkzeug muss aber auch bereit sein, sich benutzen zu lassen. Um sich führen zu lassen, braucht es nur tiefes, bedingungsloses Vertrauen, sonst nichts. Einfach nur das Herz öffnen. Es bedarf keiner besonderen Kräfte oder Fähigkeiten. Ich glaube sogar, dass Gott am liebsten die einfachen Menschen benutzt.

Und eines kann ich aus eigener Erfahrung versprechen: Den Erfolg zu sehen, wie sich andere Menschen freuen, wenn ihnen geholfen wurde, wenn sie sich besser fühlen, wenn man sie auf den richtigen Weg gebracht hat, und selbst ein Teil davon zu sein, ist wunderbar. Andere froh zu sehen, macht mich selber auch froh.

Es ist schön, Werkzeug sein zu dürfen. Lass auch DU dich benutzen.

Erich Rechtenbacher, Polizeikommissar und Jugendsachbearbeiter

☐ Gefällt mir   ☐ Weitererzählen   ☐ Kommentieren   24. April 2013

▶ Lässt du dich von Gott als Werkzeug benutzen?

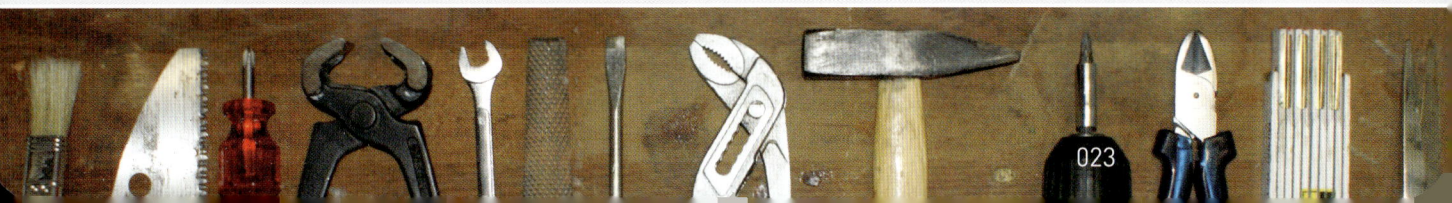

Nach einem Vortrag vor Männern

Bei einem meiner letzten Vorträge kam ein junger Mann auf mich zu. Er meinte, dass er seine Eltern gar nicht liebt und nur so irgendwie mit ihnen zusammen unter einem Dach wohnt. Ohne jegliche Gefühle. Ich schaute ihn an, besonders in seine Augen, die bitter und voller Sehnsucht waren. Dann gab ich ihm zur Antwort, dass seine Sehnsucht noch nie gestillt wurde und er deshalb nicht mehr auf sie hört und jegliches Gefühl verneint. Ich riet ihm, nach Hause zu gehen und seinen Eltern nach vielen Jahren das erste Mal zu sagen, dass er sie liebt. Wir baten Gott darum, dass er die Mauer des Hasses überwindet. So steht es in der Bibel: „Mit meinem Gott springe ich über Mauern." (vgl. Psalm 18,30)

Drei Stunden später bekam ich die folgende Mail (mit verändertem Namen natürlich). Ich schreibe dies nicht zu meiner Ehre, denn es ist ja Gottes Werk. Ich wünsche mir, dass es viele nachmachen.

Hier seine Mail (Original, unverändert):

Lieber Michael.

Ich bin der Christian, wir haben uns heute nach dem Männervesper unterhalten und du hast mich durchschaut und mir gesagt dass ich nachhause gehn soll und meinen Eltern sagen soll dass ich sie lieb hab und mit dir in Verbindung bleiben ich schreib dir jetzt gleich kurz danach.

Ich hab mich von dir weggedreht und bin zur Tür gelaufen und war noch nicht draußen da hab ich schon so geweint ich bin zum Auto gelaufen und sofort heim gefahren ich hab durchgehend geweint als ich zuhause war bin ich ins haus hab die tür vom Schlafzimmer aufgerissen und das Licht angeschaltet meine eltern dachten mir ist was passiert aber ich hab gesagt nein aber ich muss euch sagen dass ich euch lieb hab sie habn beide gelacht und ich hab gesagt nein wirklich ich

▶ Welche Mauer gilt es für dich zu überwinden? Oder musst du Mauern abreißen?

▶ Hab Mut, es tut so gut. Leg alles in Gottes Hände und geh gemeinsam mit ihm weiter.

lieb euch und dann hab ich gesagt ich bin sündig geworden und bitt um vergebung und dann haben sie es gemerkt was ich will und habn mich gefragt ob ich auch ihnen vergeben kann ich hab ja gesagt und ich hab mich auf den Bauch von meinem papa gelegt und hab geweint ich weis nicht was jetz passiert ist ich spüre nur Erleichterung aber ich habe keine ahnung ob es morgen so weiter geht oder ob sich was verändert aber ich hab meine eltern zum ersten mal weinen gesehn es warn nur feuchte augen aber es war zum ersten mal. Ich dank dir so dass du deine zeit für so etwas opferst.

Du darfst eines wissen durch dich hatt gott mein leben gerettet denn auch ich war mehrmahls kurz davor mir das leben zu nehmen. Ich hab Gott versprochen dass ich es nicht tu aber ich hab in jedem gebet darum gebeten dass er es tut dass ich endlich bei ihm bin aber ich hoffe dass das ab heute anderst ist dass dieser schritt alles verändert weil an dieser sache alles hieng.

Danke dass du dir für mich Zeit nimmst du bist ein segen.

☐ Gefällt mir ☐ Weitererzählen ☐ Kommentieren

Sonntagabend

Heute Abend ist für Millionen von Menschen, die morgen in die Schule oder zur Arbeit müssen, die schrecklichste Zeit in der Woche, weil sie Angst haben, dorthin zu gehen.

Es könnte so einfach sein. Hier die Worte Jesu:
„Liebt einander, so wie ich euch liebe!" (vgl. Johannes 13,34)

☐ Gefällt mir ☐ Weitererzählen ☐ Kommentieren   Oktober 2012

▶ Auch wenn es schwerfällt: Segne die Menschen, die dir das Leben schwer machen – in Jesu Namen. Die Atmosphäre ändert sich und dein Inneres gleich mit.

Ein Vers, der Halt gibt

„Mein Gott, dein Wort ist meines Fußes Leuchte und ein Licht auf meinem Weg." (vgl. Psalm 119,105)

Dein Wort ist meine Sonne und wärmt mich. Hier finde ich Geborgenheit, Vertrauen und die Gewissheit: „Ich bin nie allein."

Oberflächlich betrachtet mag man das Leben vielleicht meistern. Doch ohne Gottes Wort habe ich keine richtige Identität. Nur durch sein Wort bekomme ich Anerkennung und Wert. Nur dort bin ich zu Hause und kann mein Leben meistern.

☐ Gefällt mir   ☐ Weitererzählen   ☐ Kommentieren

▶ Das gilt dir:

„Allem bin ich gewachsen durch den, der mich stark macht." – Jesus (Philipper 4,13)

Jesus verwandelt deine Schwachheit in Stärke.

„Es gibt ein Argument, das man allen Spitzfindigkeiten der Glaubenslosen entgegenhalten kann: Noch niemand hat je auf seinem Sterbebett bereut, ein Christ gewesen zu sein." (Thomas Morus)

☐ Gefällt mir   ☐ Weitererzählen   ☐ Kommentieren   Mai 2012

Der Bewegungsmelder

Was für eine hervorragende Erfindung. Ich gehe im Dunkeln in meine Garage und tappe unsicher umher, bis auf einmal das Licht angeht! Wie genial! Es würde auch funktionieren, wenn sich hier nachts ein Eindringling herumtreiben würde. Licht verscheucht die Dunkelheit und den Eindringling. Echt cool, mitten im Dunkel wird es hell. Dunkles wird vertrieben, Gefahren werden erkannt, und plötzlich sieht man den Weg umso klarer. Jetzt verstehe ich, dass Jesus sagt: „Ich bin das Licht der Welt." Er deckt alles Dunkle auf, sein Name vertreibt Eindringlinge und mit ihm erkennt man den Weg. Es kommt noch besser: Er ist selbst DER Weg.

Deshalb brauchen wir viel mehr menschliche „Bewegungsmelder". Zum Beispiel in Schulklassen, wenn sich Kinder gegenseitig quälen oder ausgrenzen. Einer muss sich einmischen und das Licht anknipsen. Einer muss den Eindringlingen die Grenzen aufzeigen.

Wir brauchen „Bewegungsmelder" in Firmen, Vereinen, in der Politik und auch in unseren Gemeinden. Wir brauchen Menschen, die in Bewegung geraten, wenn Dunkelheit aufzieht. Menschen, die in der Dunkelheit Licht werden und die ein Liebesbrief Gottes sind.

Wir brauchen Menschen, die die Liebe Gottes in diese Welt tragen und Licht in dieser dunklen Welt sind.

Jesus Christus sagt: „Seid das Licht der Welt." (vgl. Matthäus 5,14; Johannes 8,12)

☐ Gefällt mir   ☐ Weitererzählen   ☐ Kommentieren   März 2013

▶ Wo sollst du solch ein Bewegungsmelder sein?

Sprich mit Jesus darüber. Wenn dein Herz jetzt stark schlägt, bitte Jesus, dass er dir die Kraft dazu schenkt.
Er ist schon Sieger –
und du bist es auch.

Muhammad Ali wird 70

Es war eine geniale Zeit, mit ihm einige Tage unterwegs zu sein.
Wir lachten und weinten zusammen. Ein toller Mensch!
Noch faszinierender wird die Geschichte, wenn man bedenkt,
dass ich im Alter von fünf Jahren so begeistert von ihm war,
dass ich Gott darum bat, Muhammad Ali eines Tages begegnen zu können.
30 Jahre später wurde der Traum wahr.

„Wer Gott vertraut, dem ist alles möglich." (Markus 9,23)

☐ Gefällt mir   ☐ Weitererzählen   ☐ Kommentieren

▶ Was hast du schon alles in deinem Leben an Gutem erlebt?

Du bist Sieger

Wenn dir das Wasser bis zum Hals steht, wenn du keinen Ausweg siehst, wenn du ans Aufgeben denkst, dann solltest du wissen, dass es nicht leichter wird, wenn du erst einmal aufgegeben hast.
Gerade dann fangen deine Probleme an. Ich weiß, wovon ich spreche ...
Es kann nicht immer alles schlecht sein, es gibt Momente im Leben, wo du dich durchboxen solltest! Und dann, wenn du das überwunden hast, zeigt sich die Sonne aus den Wolken!

Dann bist du der Sieger!

Im Leben läuft nicht alles glatt ... Nach guten Zeiten sollte man streben, aber für die schlechten Zeiten muss man bereit sein, und wer Gott an seiner Seite weiß, der ist in allen Zeiten des Lebens nie allein.

Alexander Dimitrenko – ehemaliger Box-Europameister im Schwergewicht

☐ Gefällt mir ☐ Weitererzählen ☐ Kommentieren   15. April 2013

▶ Lebe mit der Siegermentalität und du wirst sehen: in Niederlagen trägt dich dein Glaube durch. Er stärkt dich.

„Aber mitten in alldem triumphieren wir als Sieger mit Hilfe dessen, der uns so sehr geliebt hat."
(Römer 8,37)

Wow! So ist Gott.

Der Soldat

Auf vielen Kontinenten hat er gekämpft. Er war ein harter Bursche. Sein Körper war gezeichnet von zahlreichen Narben. Er trug sie wie Orden. Viele Schlachten hatte er für Rom gewonnen. Seine Treue, sein Vertrauen und seine Loyalität galten seinem Schwert und Rom. Er war ein Mann der Tatsachen. Er glaubte nur an das, was er sah. Er hat sich auf zahlreichen Schlachtfeldern dieser Welt einen Namen gemacht. Doch dieser Auftrag war ungewöhnlich. Er sollte einen jungen Mann von 33 Jahren kreuzigen. Man behauptete, dieser habe Blinde sehend gemacht, Lahme gehend, Taube hörend. Sogar Tote habe er aufgeweckt.

Doch ein Soldat Roms kümmert sich nicht um das Gerede der Menschen. Er wollte nur seine Pflicht erfüllen: einen Gotteslästerer töten. Ihm war egal, für wen und wieso. Für ihn zählte nur der Auftrag.

▶ Lies es doch in der Bibel nach:
Johannes 19,17-37

▶ Wie geht es dir dabei?

Schon stand er auf dem Hügel von Golgatha. Wie oft hatte er das schon getan! Doch dieses Mal war alles anders. Friede lag auf dem schmerzverzerrten und entstellten Gesicht. Er hörte, wie der junge Nazarener vom Kreuz herab seinen Peinigern vergab: „Vater, vergib ihnen, denn sie wissen nicht, was sie tun." Er horchte, wie Jesus einem zum Tode Verurteilten das Paradies versprach, da dieser ihm vertraute. Vertrauen? Im Sterben? Er hatte schon viele sterben sehen. Doch so etwas? Dann hörte er den jungen Mann mit letzter Kraft sprechen: „Vater, in deine Hände befehle ich meinen Geist!" Er erinnerte sich, sein Urteil hatte man gesprochen, weil er behauptete, der Sohn Gottes zu sein. Er sprach in den letzten Sekunden seines Lebens zu Gott als Vater. Spätestens dann kehren doch alle zur Wahrheit zurück, oder?

Nie hat er so empfunden, hier auf einem Hügel, wo Tod, Gelächter, Spott und Entsetzen waren. Seine Seele wurde still. Dort an diesem Kreuz spürte er zum ersten Mal eben jenen Frieden, nach dem er schon immer gesucht hatte. Ja, er empfand noch viel mehr. Ist es wirklich der Sohn Gottes? Er wusste: wenn er es ausspricht, verliert er seinen Job, sein Ansehen und seine Freunde. Doch das war ihm nun egal. Ja, jetzt ist er sich sicher, es lohnte sich, alles zu verlieren, um IHN zu gewinnen. Er wollte auch eines Tages ins Paradies eingehen. Ja, er wollte schon hier auf Erden Jesus in sich tragen. Mit einem Mal rief er es laut aus! Sein Aufschrei brachte Licht in sein Leben. „Wahrlich, dieser Mensch ist Gottes Sohn gewesen!" (Markus 15,39).

Ein Gedanke, den ich am 7.7.2012 um 21.27 Uhr niederschrieb. Einfach so für euch. Teilt es mit vielen. Dort draußen sind Milliarden, die täglich ihre Schlachten schlagen, Siege erringen und doch so verloren sind.

Euer Michael Stahl

☐ Gefällt mir   ☐ Weitererzählen   ☐ Kommentieren   7. Juli 2012

▶ Bist du in deinem Leben immer am Kämpfen?

„Dank sei Gott, dass er uns durch Jesus Christus, unseren Herrn, den Sieg schenkt!"
(1. Korinther 15,57)

031

Vater-Sohn-Gottesdienst

Ich komme gerade von einem Vater-Sohn-Gottesdienst. Starke Männer lagen in meinen Armen und weinten. Männer mit vielen Verletzungen. Oft geben wir diese Verletzungen weiter. Besonders an jene, die wir lieben.
Ich habe auch viele Jahre gebraucht, um meinem Vater zu sagen, wie sehr ich ihn liebe. Vor zwei Jahren starb er. Heute hätte er Geburtstag. Ich bin so froh, diesen Weg der Vergebung und der Liebe Gottes gegangen zu sein. Heute habe ich Frieden, einen Frieden, den die Welt mir nicht geben kann, Frieden durch Jesus Christus.
Dies bezeuge ich: durch Jesus wurde ich frei. Durch seinen Tod am Kreuz hat er mich von allen Verletzungen, die ich erlitten habe und durch die ich andere verletzte, frei gemacht.

▶ Kannst du zu deinem Vater „ich liebe dich" sagen?

Es geht eine Kraft von diesen drei Worten aus.

☐ Gefällt mir   ☐ Weitererzählen   ☐ Kommentieren

Vater sein

„Es gibt eine Zeit, wo du Vater sein darfst,
es kommt eine Zeit, wo du bereust, es nicht gewesen zu sein.
Es gibt eine Zeit, wo du Gott lieben und ihm vertrauen kannst,
es kommt eine Zeit, wo du bereust, es nie getan zu haben."

Ich hoffe, du gehörst nicht zu denen, die dies einmal bereuen.
Gott ist nur ein Gebet weit von dir entfernt.
Geh zu deinen Kindern. Heute noch. Egal, wo sie sind, sage ihnen, dass du sie liebst.
Wenn es etwas gibt, wo du um Verzeihung bitten solltest, tu es noch heute. Sonst wirst du es nie tun.

„Wer morgen nach Frieden sucht, lebt heute im Krieg."

☐ Gefällt mir   ☐ Weitererzählen   ☐ Kommentieren

▶ Verpasse nicht die Gelegenheit!

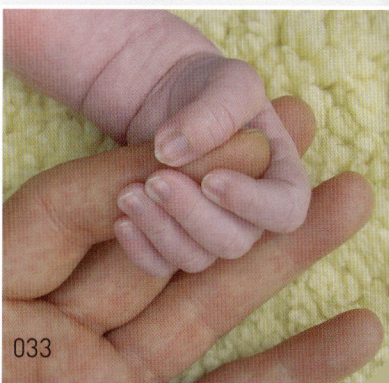

033

Gebet – warum eigentlich?

Warum beten die meisten Menschen nur, wenn alles untergeht?
Wenn die Katastrophe geschieht?
Wenn sie in tiefster Not sind?
Warum beten die Teams nicht vor dem Spiel, sondern erst, wenn einer um sein Leben kämpft?
Wenn uns das Gebet zu Gott trotz aller Dunkelheit Hoffnung gibt, warum machen wir es dann nicht täglich?
Warum werde ich belächelt, wenn ich am Esstisch bete?
Warum verziehen manche die Augen, wenn ich für andere bete?
Warum gehen Menschen auf Abstand zu mir, weil ich bete?
Warum schreien alle erst irgendwann mal zu Gott?
Ich weiß es: weil er in ihnen lebt und sich nach ihnen sehnt und weil ihre Sehnsucht sie es immer wieder spüren lässt, Gott ist da, und eines Tages werden wir alle vor ihm stehen. Alle.
Heute habe ich für Menschen gebetet, die gegen mich sind und die mich für meine Liebe zu Gott meiden und belächeln.
Heute und an jedem Tag stehe ich zu Gott, weil er jeden Augenblick zu mir steht.

▶ Triff dich heute mit Freunden und betet füreinander.
Es stärkt euch.

☐ Gefällt mir   ☐ Weitererzählen   ☐ Kommentieren   September 2012

Wunderbare Geschichte

Heute habe ich etwas Tolles erlebt. Ich hielt einen Vortrag in Wildberg. Versehentlich gab man mir eine falsche Adresse. Daher kam ich insgesamt ca. 30 Minuten zu spät. Ich erzählte den Männern von Vater-Sohn-Beziehungen und wie wichtig es sei, dass wir einander sagen, dass wir uns lieben. Da stand plötzlich ein Mann auf und ging raus. Als er am Ende wieder reinkam, bedanke er sich bei mir, dass ich zu spät gekommen war. Er hatte gerade seinen Eltern zum ersten Mal in seinem Leben gesagt, dass er sie liebt. Hätte er 30 Minuten früher angerufen, wären sie nicht zu Hause gewesen und er hätte es wohl nie mehr gemacht. Seine Mutter sagte dann, es sei die schönste Weihnachtszeit ihres Lebens gewesen.
Gott ist wunderbar! Wer ihn nicht hat, verpasst jede Menge Wunder.

Euer Michael

☐ Gefällt mir   ☐ Weitererzählen   ☐ Kommentieren

▶ Du bist wunderbar – von Gott gemacht.

▶ Er hat dich nicht umsonst an den Ort gestellt, an dem du bist.

▶ Nutze die Gelegenheiten Gottes vor Ort.

Das Wunder im Stau

Ich stand heute drei Stunden im Stau und fragte mich ernsthaft nach dem Sinn.
Dann war hinter mir ein Satanist. Beim Aussteigen kamen wir ins Gespräch. Berührt und sehr nachdenklich liest er jetzt mein Buch „Vater-Sehnsucht". Nun erfährt er, wie sehr Gott ihn liebt.
Dann sahen wir zwei Damen mit einer Autopanne. Alle fuhren weiter.
Wir halfen ihnen. Dabei erfuhren sie von der Liebe Gottes. Sie waren sehr berührt. Und ich auch.
Ein wunderbarer Stau!

☐ Gefällt mir   ☐ Weitererzählen   ☐ Kommentieren   14. September 2012

▶ Auch aus Situationen, die dir nicht gefallen, kannst du etwas Gutes machen!

▶ Lass deine Sicht auf ungewollte Situationen von Gott verändern und dein Charakter wird geprägt.

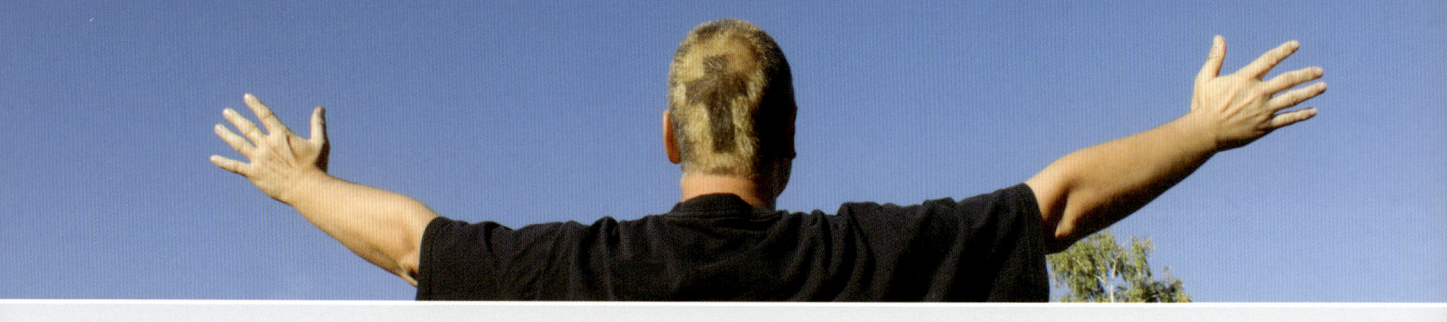

Dankbarkeit bewahren

Mögest du die reichen Lebenstage in deinem Herzen in Dankbarkeit bewahren.
Möge die Gabe der Liebe von Jahr zu Jahr wachsen,
damit du alle, die dich umgeben, mit Freude erfüllst.
Mögest du auch in Stunden des Leides gewiss sein, dass Gott dir zulächelt.
Suche seine Nähe.

Bitte strecke dich aus nach ihm. Ich wünsche dir einen Ort, wohin dein Dank geht
und wohin du in dunklen Stunden schreien kannst.
Suche seine Nähe. Halte dich fern von den Spöttern. Strecke dich nach dem
himmlischen Vater aus, egal, was die Menschen von dir denken.

☐ Gefällt mir   ☐ Weitererzählen   ☐ Kommentieren

▶ Wie kannst du heute deine Umgebung mit Freude erfüllen?

„Jesus Christus ist die einzige Antwort,
wenn wir wirklich Frieden wollen in dieser Welt."
(Zitat Mutter Teresa)

☐ Gefällt mir   ☐ Weitererzählen   ☐ Kommentieren   April 2012

Das Leben

Das Leben steckt voller Überraschungen, Höhen und Tiefen! Oft ist ein Tiefpunkt im Leben auch eine Chance, um zu erkennen, dass wir mit Gottes Hilfe wirklich alles schaffen und durch unsere Geschichte anderen Menschen helfen können!

Als Teenager starb ich fast an Magersucht, bis ich eines Nachts hörte, wie meine Eltern zu Gott geschrien haben. Das war ein Moment, der mir zeigte, dass das Leben mehr ist als „gutes Aussehen" und „die perfekte Figur". Ich vertraute mein Leben Jesus an und erkannte, dass es mit ihm auch wirklich Sinn macht ZU LEBEN.

Heute reise ich umher und erzähle insbesondere Jugendlichen davon, die dadurch wiederum ermutigt werden, ihr Leben in den Griff zu bekommen. Mit Michael Stahl z. B. sangen wir den Song „Feel the Power" ein und durften erleben, wie viele Kids, die ganz extrem unter Mobbing leiden, dadurch wieder einen Hoffnungsstrahl in ihrem Leben hatten.

Ein Junge z. B. schrieb: „Dank dieses Liedes, das ich jeden Morgen mehrmals höre, habe ich wieder den Mut, in die Schule zu gehen."
Ein anderes Mädchen, was sich schwer die Arme aufritzt, wollte sich das Leben nehmen und schrieb mir genau dies. Ich lud sie ein, noch einen Tag abzuwarten und in den Gottesdienst zu kommen. Sie tat es und übergab ihr Leben Jesus … heute ist sie ein strahlendes Mädchen. Immer noch auf dem Weg der vollkommenen Genesung, aber nicht mehr alleine.

Uns wurde Hoffnung geschenkt, damit wir sie weitergeben können.
Und das kann jeder von uns.

Déborah Rosenkranz – Sängerin / Songwriterin / Autorin

☐ Gefällt mir   ☐ Weitererzählen   ☐ Kommentieren   9. Mai 2013

▶ Stimmt es, dass genau die Tiefpunkte in deinem Leben andere Menschen anziehen?
Stelle sie Gott zur Verfügung, er wirkt durch dich.

037

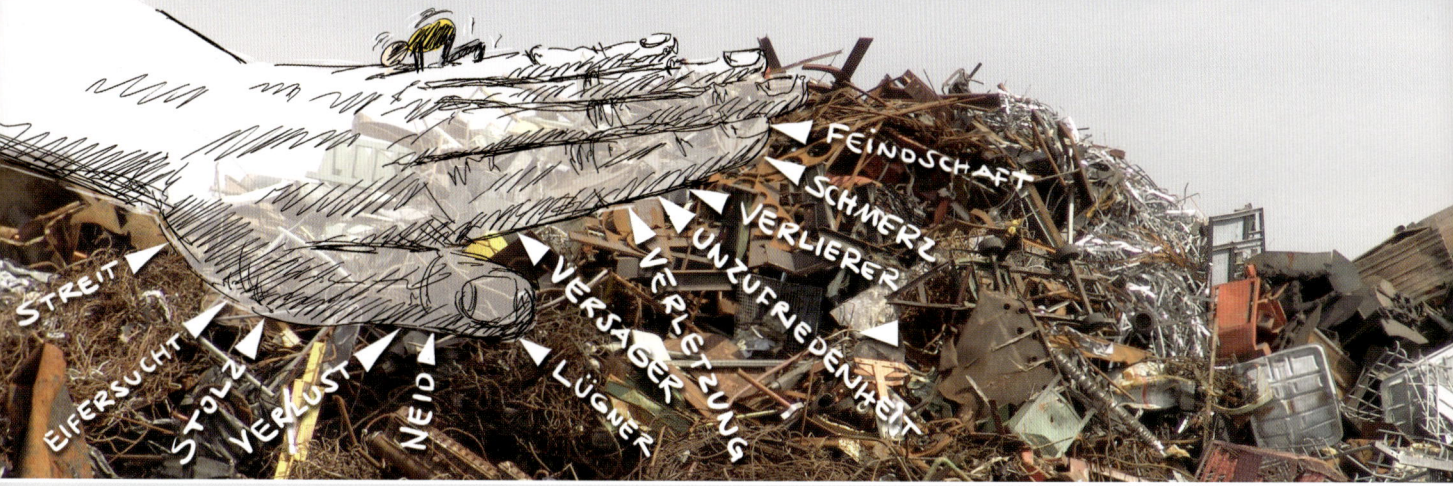

Ein Impuls, den ich selbst aufschnappte

„Es ist eine harte Welt da draußen. Glaub mir, ich weiß Bescheid. Manchmal scheinen sich Menschen und Umstände gegen dich zu verschwören, sodass du es richtig mit der Angst zu tun bekommst. Das ist schon okay. Ich verstehe das, und es ist mir nicht egal.

Ich will dir helfen, mit dem Leben klarzukommen. Darum möchte ich, dass du zu mir kommst. Erzähl mir von deinen Ängsten. Ich werde mitten in deinen Kämpfen direkt an deiner Seite stehen.

Wenn ich dich tragen muss, werde ich es auch tun. Ich werde dein Verteidiger sein. Ich werde bei dir sein, über dir, unter dir, neben dir. Ich bin da. Ich will in deinem Alltag wirken. Darum fürchte dich nicht."

Dein Verteidiger Gott

☐ Gefällt mir   ☐ Weitererzählen   ☐ Kommentieren   September 2012

▶ Tausche dich mit Gott über dein Leben aus. Gib das, was dir wehtut, gleich bei ihm ab.

Gedanken über einen Atheisten

Vor einiger Zeit durfte ich einen Menschen im Sterben begleiten, der einiges an Schuld in seinem Leben auf sich geladen hatte. Er war Atheist mit esoterischen Tendenzen.
Auf dem Sterbebett kämpfte er, denn ohne Gott wurde er nicht frei. Auch die Karten, Steinchen und sein Horoskop brachten ihm keinen Frieden. Als ich ihm erzählte, was Jesus für alle Menschen getan hat, nahm er dieses Geschenk an und ging für immer FREI nach Hause. Als er starb, hatte er ein Lächeln auf dem Gesicht.

☐ Gefällt mir   ☐ Weitererzählen   ☐ Kommentieren   September 2012

▶ Steck einen kleinen Kieselstein in deinen Geldbeutel und nimm es als Gedankenstütze, dich bei Gott zu bedanken:

„Du mein Fels, meine Burg, mein Retter, du mein Gott, meine sichere Zuflucht, mein Beschützer, mein starker Helfer, meine Festung auf steiler Höhe!"
(Psalm 18,3)

„Wer versucht, der Welt alles recht zu machen,
der wird zum Sklaven der Menschen.
Wer auf Gott alleine schaut,
der weiß sich unendlich geliebt."

☐ Gefällt mir   ☐ Weitererzählen   ☐ Kommentieren   September 2012

Beten ist das Atmen der Seele

Beten ist das Atmen der Seele.
Wer nicht beten kann, wird nie richtig leben.
Wer betet, hat einen Ort zum Danken und Halt in dunklen Stunden.
Wer betet, spricht mit Gott wie ein Kind zu seinem Papa.
Wer betet, ist NIE allein.
Ich genieße jeden Atemzug.

☐ Gefällt mir   ☐ Weitererzählen   ☐ Kommentieren   September 2012

▶ Atme ganz bewusst tief und freue dich, dass Gott dich so wunderbar ausgestattet hat – innen und außen.
Selbst wenn du nicht alles 100 % perfekt findest.

Was Weihnachten besonders macht

Diese Frage wurde gerade eben in der Werbung gestellt.
Gott wird dem Menschen in allem gleich, außer in der Sünde.

Was macht Weihnachten so besonders?

Ferrero Rocher! So, nun weiß ich das auch und viele Millionen andere auch.
Frohe Weihnachten dann mal! Wir werden sehen, was mir im Sterben Ruhe,
Frieden und Hoffnung verschafft: Ferrero Rocher oder Jesus?
Ich habe meine Entscheidung getroffen.

Frohe Weihnachten! (Bin halt auf Diät. ☺)

☐ Gefällt mir   ☐ Weitererzählen   ☐ Kommentieren   Dezember 2012

▶ Wer hat das beste
Angebot?
☐ Ferrero Rocher
☐ Jesus

Tipp:
Ein Angebot ist süß, käuflich
und in 10 Minuten weg.
Das andere ist einmalig,
gratis und ewig.

Gott kommt

Viele wünschen sich Frieden, Licht im Dunkeln, Hoffnung, Lebenssinn und Nähe
zu Gott. Die „Gute Nachricht" ist, Gott selbst kommt in seinem Sohn zu uns.
Jahrhunderte zuvor durch 350 Prophezeiungen angekündigt, kam er und bestätigte

sie alle. Gott zeigt sich und seine unfassbare Liebe. Aber die Welt sagt, dass wir das nicht brauchen. Dabei müssen wir nicht einmal etwas für seine Liebe tun. Einfach nur annehmen. Ich hoffe, ihr gehört zu denen, für die Jesus der Hauptgrund von Weihnachten ist. Diese gigantische Geburtstagsparty. Wie lächerlich und armselig muss eine solche Party ohne das Geburtstagskind sein.

Meine Familie und ich haben unendliche Male Gott erleben dürfen. Egal, was ihr denkt, eines Tages werden wir wissen, wer recht hat: Gottes Wort oder jene, die es belächeln und Christen verspotten. Warten wir's getrost ab.
Weihnachten bedeutet nicht, dass wir Gott nahe kommen, sondern dass er uns nahe kommt.

Wer ihn hat, der ist geborgen in der Liebe des himmlischen Vaters.
Feiert bitte ein ehrliches Weihnachtsfest.
Schämt euch nicht, auch wenn man gegen euch ist. Gott ist für dich, nur das zählt.

☐ Gefällt mir   ☐ Weitererzählen   ☐ Kommentieren   Dezember 2011

▶ Worauf es mir an Weihnachten ankommt:

Sehnsüchte

Vorhin war ich mal wieder auf meinem Lieblingsberg joggen. Es war 14.30 Uhr, also ideal zum Schlittenfahren oder sonst was. In meinen Kindertagen war um diese Zeit Chaos am Berg. Als ich vor zwei Wochen dort war, waren fünf Leute dort. Heute niemand, nichts, zero. Es sind Ferien. Aber kein Gekreische, keine Jungs, die was riskieren, keine tollkühnen Stunts, keine Jungs, die Mädels was zeigen wollen. Der Berg hat den Kampf gegen PC-Spiele, Nintendo, Wii, X-Box und Facebook verloren. Was bleibt, ist ein Berg voller Stille. Und Sehnsucht, die nicht mehr gestillt wird.

Wir haben die Wahrheit Gottes in Lüge verkehrt. Wir achten nicht mehr auf das, was wir wirklich brauchen. Wir rennen dem nach, was uns ablenkt oder Glück verspricht. Dabei wäre es so einfach, seine Sehnsüchte zu stillen, indem man Gott vertraut und wie ein Kind wird.

Also, ich gehe jetzt mit meiner Tochter raus in den Schnee. Wir werden toben und lachen, frieren und außer Atem sein. Und Gottes Liebe und Wärme spüren.

☐ Gefällt mir   ☐ Weitererzählen   ☐ Kommentieren

▶ Was macht dich lebendig und erfreut dich?

Eindrücke aus Celle

Gerade komme ich aus Celle. Ich weiß gar nicht, wie ich es beschreiben soll.
Nur kurz so viel.
Ein Mann, 30 J., machte Frieden mit seinem Vater.
Ein anderer junger Kerl sagte seinem Vater zum ersten Mal, dass er ihn lieb hat.
Ein 46-Jähriger fuhr nach dem Gottesdienst zu seinen Eltern, um ihnen zum allerersten Mal im Leben zu sagen, dass er sie liebt.
Dann traf ich eine Frau, die Krebs hatte. Die Prognose lautete damals:
„Noch wenige Tage." Das ist nun mehr als vier Jahre her.
Sie lächelte, ist dankbar und liebt Jesus von ganzem Herzen.
Auf der Heimfahrt beschenkte mich Gott dann mit einem grandiosen Sonnenuntergang.
Nun bin ich zu Hause und morgen ist frei.
Gute Nacht euch allen zusammen. ☺
Behüt' euch Gott!

☐ Gefällt mir   ☐ Weitererzählen   ☐ Kommentieren   Oktober 2012

Schaust du auf Positives oder Negatives?
Erkennst du die kleinen Wunder um dich herum?
Siehst du die wunderschöne Schöpfung?

▶ Genieße heute die Schönheit eines Blattes.
▶ Erzähle nur positive Dinge weiter.
▶ Beteilige dich nicht am Tratsch.

Es tut richtig gut.

☐ Gefällt mir ☐ Kommentieren ☐ Weitererzählen Juli 2012

Noch nie

Noch nie habe ich Sterbende erlebt, die Gott ablehnten.

„Ein jeglicher Geist, der bezeugt, dass Jesus der Christus ist, das ist der Geist Gottes. Ein jeglicher Geist, der dies nicht bezeugt, ist der Geist des Antichristen." (1. Joh. 4)

Nur dort, wo Gnade und Vergebung sind, nämlich auf dem Hügel von Golgatha, kommen wir zur Ruhe. Dort hat das Lamm Gottes für unsere Schuld bezahlt. Dort trug Jesus die Lasten der Welt. Wir werden frei.
Das ist Freiheit, die der Seele Ruhe gibt.

Das wünsche ich euch allen!
Dass du dies hier liest, ist kein Zufall. Du bist mir so viel wert, dass ich das Risiko eingehe, von dir belächelt zu werden.

▶ Sei heute ein Zeuge Gottes – mit seiner Hilfe. Egal, ob andere lachen.

„Alles, was ihr tut, tut von Herzen, als etwas, das ihr für den Herrn tut und nicht für Menschen."
(Kolosser 3,23)

Gott ist da

Immer da. Das durfte ich zuerst mit meinen jungen 14 Jahren erleben.

Jahrelang suchte ich den Sinn des Lebens in meiner Kindheit, verstrickte mich gar in okkulte, dunkle Kreise. Doch Gott hat mich nicht alleingelassen. Als mein Leben ein Trümmerhaufen war, begann ich Gott zu erkennen und Gott an meinem Leben teilhaben zu lassen. Alles veränderte sich schlagartig. Ich spürte plötzlich: Da ist jemand, da gibt mir jemand Kraft und Mut! Er führte mich aus der Dunkelheit heraus. Natürlich gab und gibt es Probleme, aber ich wusste, dass ich von nun an ich diese nicht mehr alleine auf meinen Schultern tragen muss! Gott ist an meiner Seite und führt mich den richtigen Weg.

Nun steh ich da, 18, bald 19 Jahre alt, und blicke zurück: Ohne Gott wäre ich nicht dort, wo ich jetzt stehe. Er hat mich zu dem gemacht, was ich nun bin. Er hat mir mein Selbstwertgefühl und mein Selbstvertrauen geschenkt und mir Mut und Kraft gegeben, um in die Zukunft blicken zu können!"

Manuel Stahl, Sohn von Michael

☐ Gefällt mir   ☐ Weitererzählen   ☐ Kommentieren   6. Mai 2013

Verfolgte Christen

In Nigeria wurden heute viele Christen ermordet. Darüber wird die Welt kaum informiert. Ich bin schockiert. Ich wollte heute eigentlich nichts schreiben, doch die Welt sollte das wissen. Keine Glaubensgemeinschaft wird so verfolgt wie die Christen. Meine Gebete gelten diesen Menschen und ihren Familien.

☐ Gefällt mir   ☐ Weitererzählen   ☐ Kommentieren   25. Dezember 2011

▶ Bete für verfolgte Christen, dass sie mutig bleiben, treu und voller Liebe zu Jesus und ihren Mitmenschen.

Bodyguard

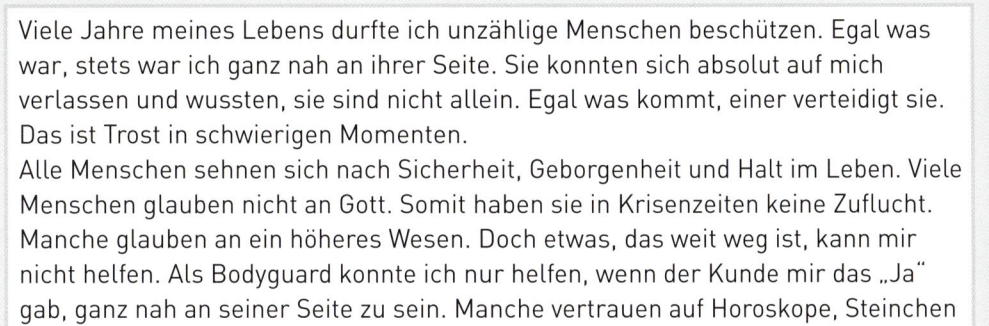

Viele Jahre meines Lebens durfte ich unzählige Menschen beschützen. Egal was war, stets war ich ganz nah an ihrer Seite. Sie konnten sich absolut auf mich verlassen und wussten, sie sind nicht allein. Egal was kommt, einer verteidigt sie. Das ist Trost in schwierigen Momenten.

Alle Menschen sehnen sich nach Sicherheit, Geborgenheit und Halt im Leben. Viele Menschen glauben nicht an Gott. Somit haben sie in Krisenzeiten keine Zuflucht. Manche glauben an ein höheres Wesen. Doch etwas, das weit weg ist, kann mir nicht helfen. Als Bodyguard konnte ich nur helfen, wenn der Kunde mir das „Ja" gab, ganz nah an seiner Seite zu sein. Manche vertrauen auf Horoskope, Steinchen oder Kartenleger. Aber auch das kann uns nicht schützen.

Wir alle benötigen ein Gegenüber, jemand, dem wir vertrauen können und dem wir es gestatten, ganz nah zu kommen. Man bekommt Kraft, wenn man weiß: „Ich bin nie allein."

Mein Bodyguard heißt Jesus. Er sehnt sich danach, uns allen ganz nah zu sein. Er ist der allerbeste Bodyguard.

Was muss das für eine grenzenlose Liebe sein, dass Gott selbst Mensch wird und für uns stirbt. Doch um dir ganz nah zu kommen, benötigt er dein „Ja". Ich hab zwar immer noch Probleme und Sorgen, doch ich bin nie allein. Werft all eure Zweifel über Bord! Weg mit den Horoskopen, Glückssteinchen, Energiearmbändchen und höheren Wesen! Wir sehnen uns doch alle danach, uns fallen zu lassen. Nur einer kann uns auffangen und tragen. Halte dich an Gottes liebevolle Hand. Gib dem Bodyguard deines Lebens dein „Ja".

Gott sagt: „Ich lasse dich nicht fallen und verlasse dich nicht." (vgl. Josua 1,5)

☐ Gefällt mir   ☐ Weitererzählen   ☐ Kommentieren

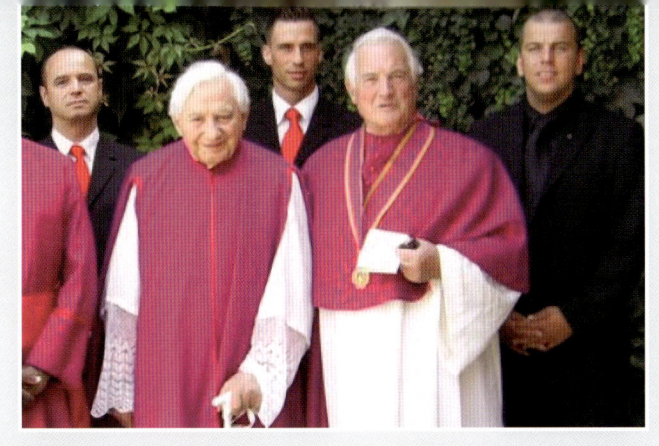

▶ Welche Worte gehen dir durch den Kopf, wenn du das Wort „Vater" hörst?

Nachdenklich

Diese nachdenklichen Zeilen schrieb mir ein Vater, der mein Buch „Vater-Sehnsucht" gelesen hat:

„Wir leben in einer Welt, die den Vater gezielt lächerlich macht, seine Autorität in Frage stellt und ihn als überflüssige Fehlkonstruktion darstellen will. Die Marschrichtung der Finsternis ist uns bewusst: mit einer vaterlosen und schutzlosen Generation ganze Familien ‚sturmreif' schießen. Dem steht schon der Titel deines Buches entgegen: Speerspitze und Balsam zugleich. Sprachrohr der unterdrückten Vatersehnsucht unserer Gesellschaft. (Übrigens auch meiner Sehnsucht!) Dein Buch richtet sich gegen den Trend der Medien, den Vater zum Müllplatz und Sündenbock zu degradieren. Ein Vater ist alles, was wir brauchen. Ein großer Vater, durch den wir leben. Er ist so herzensgut!"

☐ Gefällt mir   ☐ Weitererzählen   ☐ Kommentieren

Ich habe nie aufgehört, dich zu lieben

Wie wunderbar, und doch will ein Großteil der Welt es nicht wissen. Die Menschen wollen ohne Gott leben und autonom sein. Sie suchen in den Sternen nach Rat, ihr Glück in Steinen und Talismanen. Für manche ist Gott die Natur oder sie sind ihr eigener Gott. Doch beides, die Natur und du sind Geschöpfe des Schöpfers.
Ich brauche keine Glücksbringer, kein höheres Wesen. Ich brauche Gott. Wir alle brauchen ihn. Wenn wir zur Ruhe kommen, wenn es uns den Boden wegzieht oder wenn uns Katastrophen ereilen, wird uns bewusst, dass wir nur ihn brauchen. Wir werden alle einst vor ihm stehen. Jesus wird uns die Frage stellen: „Hast du mich lieb?" Meine Antwort ist: Ja, so wie er uns jeden Tag sein „Ja" gibt, so sehnt er sich auch nach unserem „Ja".
So ist der Vater aller Väter. Er sehnt sich nach uns und wir sehnen uns nach ihm. Wenn es auch viele nicht wahrhaben wollen: Wir tragen sie alle in uns, diese „Vater-Sehnsucht".

Ich habe in den letzten Jahren einige Menschen im Sterben begleitet. Sie gaben im Sterben ihrer Sehnsucht nach und gaben Jesus ihr Herz, ihr Vertrauen und ihre Liebe. Sie alle starben im Frieden.

Wenn es einem Sterbenden Kraft gibt, wie viel kann es dann uns, den Lebenden, Kraft und Hoffnung geben? Mögen all eure Sehnsüchte von dem gestillt werden, der sie aus Liebe in euer Herz gelegt hat.

☐ Gefällt mir   ☐ Weitererzählen   ☐ Kommentieren   5. Januar 2013

„Ich habe nie aufgehört, dich zu lieben. Ich bin dir treu wie am ersten Tag." (Jeremia 31,3)

▶ Schreib dir den Vers ein paarmal ab und klebe ihn an verschiedene Stelle in deinen vier Wänden – z. B. an den Spiegel, den Kühlschank, den Computer… Lies den Vers immer wieder laut, er gilt dir.

Wie oft sind wir müde, hoffnungslos und ausgebrannt

Petrus, ein Nachfolger von Jesus, ging es einmal so:
Nachdem er Jesus dreimal verleugnet hatte und Jesus gestorben war, ging er seiner Gewohnheit nach und fischte. Doch er fing nichts. Seine Gedanken kreisten. Da erschien ihm Jesus. Er machte mit Petrus ein Feuer und bereitete ein Mahl für ihn. Er kam nicht mit Anklagen oder Vorhaltungen, sondern mit Lagerfeuer und Frühstück! Da brannte Petrus wieder. Es war diese Gemeinschaft mit ihm, diese Annahme und Geborgenheit. Und dann fragte Jesus ihn dreimal hintereinander: „Hast du mich lieb?" (vgl. Johannes 21,1-19)
Da ist einer, der kommt, wenn alle gegangen sind. Er klagt dich nicht an, sondern entzündet ein Feuer in dir. Er schenkt Trost und Hoffnung. Er nimmt sich deiner an und fragt auch dich: „Hast du mich lieb?"
Meine Antwort steht bereits, und zwar für alle Ewigkeit: Ja!

☐ Gefällt mir   ☐ Weitererzählen   ☐ Kommentieren

Hast du dieses Feuer in dir?
Antwort ja: Freue dich und entzünde andere.
Antwort nein: An was liegt es?

▶ Sprich mit jemandem darüber.

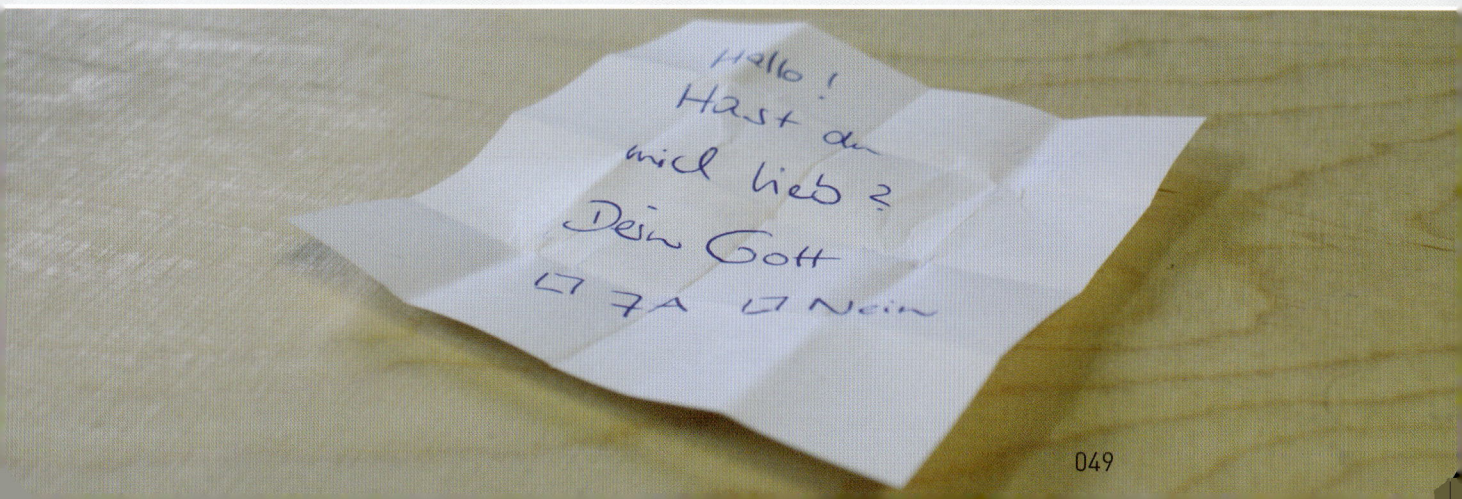

Mein Jesus, damals und heute

Mein Jesus, vor vielen Jahren hast du dich erniedrigt und deinen Freunden die Füße gewaschen. Du kamst, um zu dienen. Das ist wahre Größe. Du bist überhaupt der Größte.

Du hast das Brot gebrochen. Dein Leib wurde gebrochen und dein teures Blut vergossen. Du hast für unsere Schuld bezahlt.

Mein Jesus, du wurdest damals verraten, verleugnet und verkauft.

Mein Jesus, in allen Religionen geht es um gute Taten. Aber du sehnst dich nach unserer Liebe. In allen anderen Religionen hätte ich total versagt. Doch ich liebe dich. Deine Liebe macht mich frei.

Mein Jesus, keiner ist wie du. Heute trauere ich um dich. Doch Ostern kommt. Licht am Ende des Tunnels. Grab und Tod sind für alle Ewigkeit besiegt!

☐ Gefällt mir   ☐ Weitererzählen   ☐ Kommentieren

▶ Stecke ein Kreuz in deine Hosentasche. Es ist eine Erinnerung, dass du Sieger bist, weil Jesus den Tod besiegt hat.

Karfreitag

JESUS, was du getan hast, hat keiner getan.
JESUS, was du gegeben hast, hat keiner gegeben.
JESUS, wie du uns liebst, hat uns kein andrer geliebt.

JESUS,
Du gibst uns Halt in dunklen Stunden.
Du hältst uns, wenn uns niemand hält.
Du gibst unserem Leben Sinn.
Du bleibst, wenn alle gegangen sind.
Du gabst dein Leben für uns.
Du gibst uns ewiges Leben.

Diese Botschaft konnte ich gestern einem sterbenden Mann bringen, der nur noch ein paar Tage vor sich hat. Er hatte so ziemlich alles ausprobiert, doch Gott gab ihm Frieden für seine Seele. Er weiß, dass er zu dir ins Vaterhaus geht. In deinen Armen wird er Geborgenheit finden. Du bereitest ihm eine Wohnung.

Karfreitag! Keiner hat größere Liebe als du, Jesus.

☐ Gefällt mir ☐ Weitererzählen ☐ Kommentieren

▶ Was ist der Sinn in deinem Leben?

▶ Was ist das Ziel deines Lebens?

Extrem

In der heutigen Zeit, in der Werte für viele Männer immer unbedeutender werden, begegnet man viel Orientierungslosigkeit, besonders bei Kindern und Jugendlichen. Diese brauchen gute Vorbilder:

- solche, die lernen, für ihre Frauen und Kinder einzustehen, und nicht gleich davonlaufen, wenn etwas schwierig wird.
- solche, die mit ihren Kindern noch Baumhütten bauen, mit ihnen Sport machen und persönliche Beziehungen pflegen.
- solche, die Schwache stärken, schützen und nicht auch noch auf ihnen herumtrampeln.

Solch ein Mann ist Michael Stahl. Es ist für mich ein Privileg, ihn meinen Freund nennen zu dürfen. Er zählt für mich zu den Männern, die trotz heftigster Lebensumstände als Kind und junger Erwachsener irgendwann eine tiefe innere Entscheidung getroffen haben.

▶ Was macht dir Mut?

„Ich werde es anders machen als die anderen!" „Mit Gottes Hilfe will ich es anders machen!" In seinem Fall sind das nicht nur leere Worte!!! Heute geht er überall hin, wo viele andere nicht mehr hingehen. Er macht Gewaltpräventionsprojekte und lässt die Jungen, die kein Geld haben, umsonst bei sich in der Sportschule trainieren. Und nun schreibt er auch noch Bücher, Mut machende Bücher.

Wären wir „gestandene" Männer wirklich ehrlich, müssten wir zugeben, dass wir solch eine MutMacherKiste sehr gut brauchen können, um als Mann im geballten Alltag bestehen zu können. Mach weiter so, Michael!

Ich hatte bis zu meinen ersten 31 Lebensjahren außer meinen sportlichen Erfolgen nicht viel Gutes vorzuweisen. Ich war untreu, lebte in kaputten Beziehungen, trank Alkohol und nahm Drogen. Vor 17 Jahren kam ich an den Punkt, an dem ich mich entschieden habe, mit der Hilfe Gottes mein Leben umzukrempeln und aufzuarbeiten. Ich schulte um und leite heute mit meiner Frau Marion eine kleine, von engen Beziehungen geprägte Jugendhilfeeinrichtung.

Wir leben momentan mit zwei eigenen und vier aufgenommenen Kindern in unserem Haus, das mit vielen ehrenamtlichen Helfern umgebaut wurde. Ich darf an mir selbst erleben, wie ich durch meine Beziehung zu Gott und die besondere Arbeit mit den benachteiligten Kindern an meiner eigenen schwierigen Geschichte heil werde.

Wenn ich zurückdenke, muss ich heute sagen: „Nie mehr zurück, Männer – nie mehr zurück!" „Alles ist möglich dem, der glaubt."

Peter Schmidt – Bäcker, staatlich anerkannter Erzieher, MSE Selbstverteidigungstrainer, Aktives Mitglied LebenERleben Teen Challenge e.V.
Bodybuilding-Erfolge 1992: Deut. Meister und Gesamtsieger, Vize-EM, Dritter der WM

☐ Gefällt mir   ☐ Weitererzählen   ☐ Kommentieren   17. April 2013

▶ Wo kann ich MutMacher sein?

▶ Wem soll ich heute Mut machen?

So durstig!

Die Welt ist so durstig. Zigtausende sterben jeden Tag, weil ihnen Brot und Wasser fehlt.

Parallel dazu hat man 3,7 Mrd. Euro für einen Teilchenbeschleuniger in der Schweiz ausgegeben. Wir suchen auf fremden Planeten für unzählige Milliarden nach Wasser, während hier die Welt zugrunde geht.

So viele dürstet nach Lebenssinn, nach Gerechtigkeit, nach Frieden.

Sie suchen sich selbst in Karten, Steinchen, Horoskopen, Gurus usw. Aber nichts wird ihren Durst löschen. Jesus ist das Brot des Lebens. Wer davon isst, wird nicht mehr hungern. Er ist das Wasser des Lebens. Wer davon trinkt, hat in Ewigkeit keinen Durst mehr.

☐ Gefällt mir ☐ Weitererzählen ☐ Kommentieren Juli 2012

Gegen alle Ungerechtigkeit, gegen Hunger und Durst in dieser Welt, gegen alle Lieblosigkeit und Einsamkeit, gegen Gewalt und Mobbing hat Gott etwas getan:

Er hat dich und mich geschaffen!

☐ Gefällt mir ☐ Weitererzählen ☐ Kommentieren

▶ Hast du Durst?

Dann trink Wasser des Lebens.

Jesus spricht: „Ich bin das A und das O, der Anfang und das Ende. Wer durstig ist, dem gebe ich umsonst zu trinken. Ich gebe ihm Wasser aus der Quelle des Lebens." (Offenbarung 21,6)

Hunger in der Welt

Ist schon seltsam: Über eine Milliarde Menschen hungern. Wir werfen jährlich 20 Mio. Tonnen Lebensmittel weg. Dann höre ich aber von meinen Mitmenschen: „Wie kann Gott so etwas zulassen?" So viel Hunger und Elend! Und trotzdem gibt es unzählige Kochsendungen. Das ist doch komisch, angesichts der größten Hungerkatastrophe in der Geschichte der Menschheit.
Psychologen fanden heraus, dass hinter Kochsendungen eine unfassbare Sehnsucht nach Tischgemeinschaft verborgen ist. Eine unserer größten Sehnsüchte ist also die Tischgemeinschaft mit Familie und Freunden. Diese geht jedoch mehr und mehr verloren.
Angesichts dieser Studie bin ich mal wieder begeistert von Jesus. Was hat er kurz vor seinem Tod mit seinen Freunden gehabt? Tischgemeinschaft! Und sein erstes Wunder bei der Hochzeit zu Kana hatte auch mit Tischgemeinschaft zu tun.
Also denk´ daran: jede Kochsendung soll dich daran erinnern, wie sehr er deine Sehnsüchte stillen möchte und wie sehr er dich liebt.
Na dann Mahlzeit! Liebe Grüße, euer Michael

☐ Gefällt mir   ☐ Weitererzählen   ☐ Kommentieren   Juli 2012

▶ Nimm heute deine Mahlzeiten ganz bewusst ein, genieße sie.

▶ Wie wäre es, Gäste zum Essen einzuladen? Teilt euer Leben miteinander.

Abendgedanken

„Ich lege nun den vergangenen Tag und die kommende Nacht in Gottes Hände.
Dort, wo ich gefehlt habe, möge seine Liebe alles bedecken und wieder gut machen.
Wo ich Gutes in seinem Namen getan habe, möge reichlich Gutes wachsen,
damit die Welt zu einem besseren Ort wird.
Dort, wo man Gott ablehnt, beginnt die Hölle, aber dort, wo er der Ehrengast ist,
bekommt man ein Stück Himmel auf Erden.
Auch jetzt widme ich meine Gedanken ihm, habe hier und jetzt ein Stück Himmel
in mir und um mich herum, weil Gott da ist. Er ist näher als die Luft, die ich atme
und die um mich herum ist.
Gott ist da! Ich bin nie allein!
Der himmlische Vater, mein Papa, ist immer da."

Kommt an das Vaterherz Gottes, dort werden all unsere Sehnsüchte gestillt.
In Jesus Christus kam Gottes Liebe in unsere kleine Welt und in unsere Herzen.
Auch in deines, wenn du es ihm gestattest.

Lade ihn ein!

▶ Wo gehst du hin, wenn du Fehler gemacht hast, die du nicht wieder rückgängig machen kannst?

Komm zum Vaterherz Gottes. Er vergibt dir gerne.

☐ Gefällt mir ☐ Weitererzählen ☐ Kommentieren Juli 2012

Eine Hand

Eine Hand besteht aus 27 Knochen, 700 Muskeln und 7000 Nerven. Unfassbar! Wir können sie vielfältig einsetzen: schützen, helfen, heilen, trösten, begrüßen, halten, verteidigen, essen, teilen oder zärtlich sein. Wenn unsere Hände schon ein Wunderwerk sind, was müssen Gottes Hände für Wunderwerke sein? Möge Gottes Hand euch festhalten, denn wir können nicht tiefer fallen als in Gottes Hände.

☐ Gefällt mir   ☐ Weitererzählen   ☐ Kommentieren   Juli 2012

Die Hände Jesu

Die Hände Jesu formten einst die Sonne, den Mond und die Sterne, das ganze Universum. Sie heilten die Blinden und berührten Aussätzige. Sie formten das Große und das Kleine. Sie halfen den Kranken, Schwachen und Ausgestoßenen. Sie wuschen am letzten Abend die Füße der Freunde.

Was sind das für Hände, die sich aus Liebe zu uns von Nägeln durchbohren ließen? Es sind seine Hände, die uns formten und die mich heute beschützen und tragen.

☐ Gefällt mir   ☐ Weitererzählen   ☐ Kommentieren   Juli 2012

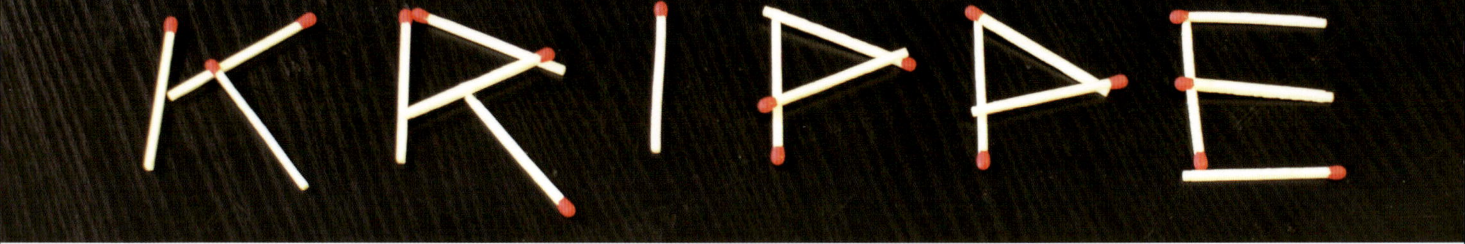

Krippe und Kreuz

„Viele Menschen wollten Gott sein, aber nur ein Gott wollte Mensch sein."
Das ist der wahre Grund von Weihnachten. Es geht nicht um Umsatz, Profit,
Fressen, Saufen und Geschenke.

Jesus kam nicht, um ein Mensch zu werden wie wir, sondern damit wir Menschen
werden wie er.
Im Garten Gethsemane entschied er sich, lieber allein in die Hölle zu gehen, als
ohne dich im Himmel zu sein.
Doch die Welt lehnt dieses Geschenk ab und macht sich ihre eigenen Götzen.
Weihnachten bedeutet, Gott in allem zu vertrauen und sich beschenken zu lassen.
Krippe und Kreuz! Was für ein Gott! Was für eine Liebe!
„So sehr hat Gott die Welt geliebt, dass er uns seinen Sohn gab." (vgl. Johannes 3,16)

☐ Gefällt mir   ☐ Weitererzählen   ☐ Kommentieren

▶ Stelle das Wort „Liebe"
über deinen Tag heute.

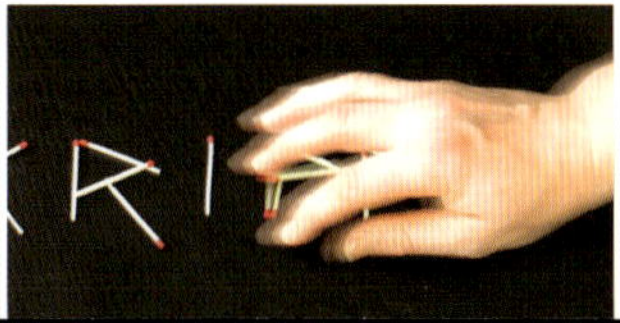

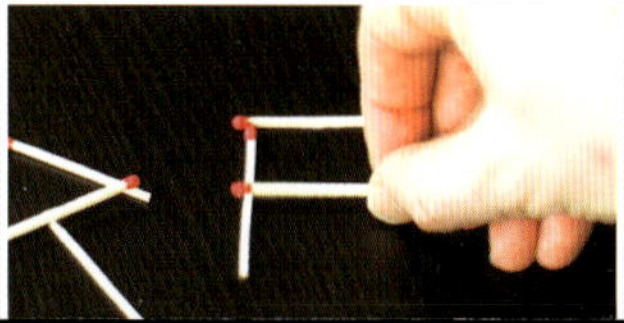

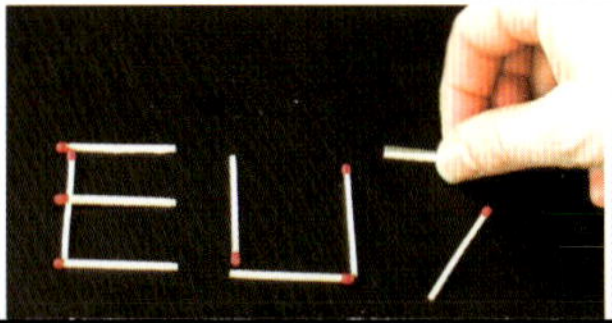

KREUZT

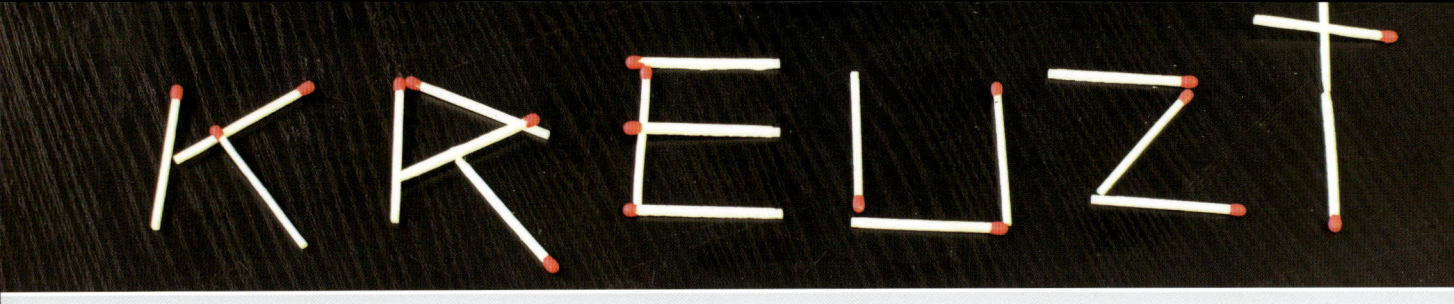

Lass dich nicht vom Bösen überwinden

„Lass dich nicht vom Bösen überwinden, sondern überwinde das Böse mit Gutem."
(Römer 12,21)

Wie oft neigen wir dazu, Böses mit Bösem zu vergelten.
Verletzte Menschen verletzen auch andere Menschen.
Es beginnt ein Kreislauf von Verletzung, Schmerz und Trauer.

Das sind meine Gedanken für diesen Tag.
Jesus hat am Kreuz denen vergeben, die ihn dort angenagelt haben.
Was für eine unfassbare Liebe.

☐ Gefällt mir   ☐ Weitererzählen   ☐ Kommentieren   Dezember 2012

Keiner geht über die Erde, den Gott nicht liebt

Gott liebt uns, auch wenn wir es am allerwenigstens verdient haben,
denn dann haben wir es am nötigsten.
So sollten wir mit unserem Nächsten umgehen.

☐ Gefällt mir   ☐ Weitererzählen   ☐ Kommentieren

▶ Willst du raus aus dem Teufelskreis von verletzt werden und verletzen?

Jesus hilft. Alleine schaffst du das nicht.
Er verändert dein Herz.
Er gibt die Kraft dazu.

▶ Teile Gutes aus.

Väter und Mütter, segnet eure Kinder

Segnet sie mit guten Worten.
Segnet sie mit eurer Zeit und Nähe.
Segnet sie mit Lachen.
Segnet sie, indem ihr sie tröstet.
Segnet sie aus Liebe mit dem Setzen von Grenzen.
Segnet sie mit eurer Liebe.

Väter und Mütter, seid gesegnet,
damit ihr ein Segen seid und andere segnen könnt.

Segnet sie im Namen dessen, der uns aus Liebe seinen Sohn gab.
Der mit seinen Händen das Universum formte und der unsere Tränen abwischt.

Durch euch Väter zeigt Gott den Kindern der Welt seine Stärke.
Missbraucht diese Stärke niemals.

Durch euch Mütter zeigt Gott den Kindern der Welt seine Schönheit.
Seid euch dessen bitte jeden Tag bewusst. Lasst euch eure innere Schönheit
niemals nehmen.

Seid gesegnet – Euer Michael

☐ Gefällt mir   ☐ Weitererzählen   ☐ Kommentieren   15. Juli 2012

▶ Sag deinen Kindern, dass sie etwas ganz Besonderes sind.

▶ Segne sie im Namen Jesu.

„Siehe, Kinder sind eine Gabe des HERRN, und Leibesfrucht ist ein Geschenk."
(Psalm 127,3)

„Ich weiß nicht, wohin Gott uns führt, aber ich weiß, dass er uns führt."
„Meine Hoffnung und meine Freude, meine Stärke und mein Licht.
Christus meine Zuversicht, auf dich vertrau ich und fürcht' mich nicht."

☐ Gefällt mir   ☐ Weitererzählen   ☐ Kommentieren

Kleine Pause

Was ist eigentlich eine schöpferische Pause? Es ist eine Pause mit dem Schöpfer. Gebet, Stille, zur Ruhe kommen und Kraft tanken.
Dort ist unser Zuhause, eine Tankstelle für die Seele. Dort bin ich angenommen, um sein Kind zu sein.
Gott ist meine Lebenskraft. Ich habe viele Menschen in den letzten Jahren gesehen, die Trost und Ruhe einzig und allein in Jesus Christus fanden.

☐ Gefällt mir   ☐ Weitererzählen   ☐ Kommentieren   Juli 2012

▶ Komm zur Ruhe.
Sei zufrieden.
Entschleunige dich.
Komm runter.
Werde still ...
... dein Papa freut sich auf dich!

Danke fürs Lesen – Ich poste solche Geschichten, weil ich euch das Beste geben will, was ein Mensch haben kann, die Gewissheit, dass Gott uns unfassbar liebt. ☺
Euer Michael ☺

☐ Gefällt mir   ☐ Weitererzählen   ☐ Kommentieren   15. Juli 2012

Wenn Gott mich nicht heilt, ...

Vor einem halben Jahr verlor ich einen Freund, bei meinem Besuch im Hospiz strahlte er mich an und sagte folgende drei Sätze:

„Ich bin einer der glücklichsten Menschen auf der Welt, weil ich Jesus habe."

„Wenn ich gehe, vertraue ich auf Gott; er wird sich in Liebe um meine Frau und um meine Söhne kümmern, weil er ein Gott der Witwen und der Waisen ist."

„Gott ist durch und durch gut, und alles, was er tut, ist gut – Gott ist die Liebe."

Dies ist seine letzte Mail, ich bekam sie wenige Stunden bevor er starb.

Wenn Gott mich nicht heilt,

... ist ER dennoch die Liebe, gerecht, vollkommen und gut!

... ist er weiterhin würdig, dass wir ihm danken, ihn preisen, ihn anbeten!

... wird er sich in seiner Treue um meine Familie kümmern, denn er ist ein Vater der Witwen und Waisen!

... wird diese Situation denen, die Gott lieben, zum Guten mitwirken.

... wird es nicht richtig sein, wenn wir anfangen, nach einem Schuldigen zu suchen, indem wir fragen: Wer hat hier nicht genug geglaubt, nicht genug gebetet, nicht richtig gebetet ... ? Wem diese Fragen wichtig sind, der mag sich selbst und sich allein vor Gott prüfen.

▶ Wie würden deine Zeilen lauten:
Wenn Gott mich nicht heilt, ...
Schreibe sie für dich auf.

... ist jeder herausgefordert, der von dieser Situation weiß, nicht plakativ und oberflächlich, sondern weise, einfühlsam, selbstkritisch und demütig mit den Betroffenen umzugehen.

Wenn Gott mich nicht heilt und jemand damit nicht zurecht kommt, dann hat derjenige Jesus und sein Evangelium, sein Wesen und sein Wirken wahrscheinlich einfach noch nicht so richtig verstanden – so wie auch ich es noch nicht ganz verstanden habe. Das ist keineswegs ein Drama – eher normal, weil unser aller Erkenntnis ja nur Stückwerk ist. Jeder darf sich einfach weiter danach ausstrecken, IHN zu erkennen, wie er in Wahrheit ist, und so in Ihm zur Ruhe kommen.

Wenn Gott mich nicht heilt, bin ich bald bei Jesus – und warte dort auf dich!

Der Herr segne euch, ihr Geliebten!

☐ Gefällt mir   ☐ Weitererzählen   ☐ Kommentieren

Schrecklich

Syrien greift die Türkei an, diese erwidern das Feuer, die NATO prüft den Bündnisfall.

Schrecklich! Doch solange wir nicht Frieden mit Nachbarn, Kollegen, Familie usw. finden – wie sollen sich denn ganze Länder vertragen?
600.000 Anzeigen wegen Nachbarschaftsstreitigkeiten. Das heißt, 1,2 Mio Haushalte führen Krieg. Wie soll sich im Großen etwas ändern, wenn's im Kleinen schon nicht geht?

In Schulklassen und Firmen wird gequält und gemobbt mit großer Freude.
Wir müssen uns dringend ändern.

☐ Gefällt mir   ☐ Weitererzählen   ☐ Kommentieren   3. Oktober 2012

▶ Das, was du bist und tust, hat Auswirkungen!

Lass dich von Gott prägen.

Und präge dein Umfeld.

Immer wenn du Münzgeld in die Hand nimmst,
gib Gott die Ehre, dass er dich prägt.

Mein Anker

Es ist faszinierend, zu sehen, wie die größten Schiffe trotz aller Stürme und großer Wellen im Hafen stehen bleiben. Ihr Anker hält sie dort trotz aller Widrigkeiten. Mein Anker ist Gott! Trotz der Trauer, Angriffe, Kämpfe und Schicksalsschläge! Er hält mich sicher. Ich bleibe in seiner Geborgenheit, im Heimathafen meines Vaters.

☐ Gefällt mir   ☐ Weitererzählen   ☐ Kommentieren

▶ Dein Glaube wird gerade in Widrigkeiten gefestigt. Geh mutig mit Gottes Hilfe durch.

Mallorca

Heute habe ich am Strand gesehen, wie ein Vater seine ca. vierjährige Tochter schlug. Ich musste mich einmischen. Fast hätte es mich auch noch erwischt, aber nur fast. Es ist nicht immer einfach, sich einzumischen, aber es ist unendlich wertvoll für die Schwachen.

☐ Gefällt mir   ☐ Weitererzählen   ☐ Kommentieren   22. August 2011

▶ Wie steht es mit deiner Zivilcourage?

Gedanken

- Ein Mensch, dem es ziemlich schlecht geht, fängt zum ersten Mal in seinem Leben an zu beten. Zum ersten Mal in seinem Leben gesteht er ein, dass sein Leben ohne Gott trostlos, traurig, hoffnungslos und leer war. Nun will er seinen Weg mit Gott gehen.

- Ein Freund bittet Gott um Hilfe, einen schweren Weg zu gehen, und spürt zum ersten Mal die Liebe Gottes. Er hat heute einen der wertvollsten Tage seines Lebens erlebt.

- Ich treffe einen alten Lehrer von mir. Er bittet mich, standhaft zu bleiben, denn am Ende, wenn alle gegangen sind, wenn nichts mehr da ist, wenn wir alle gehen müssen, dann werden wir vor Gott stehen. Er sagte: „Sag' es allen weiter. Halte durch und erzähle den Menschen das Wunderbarste, was es gibt, nämlich dass die Liebe Gottes in Jesus auf diese Welt kam. Im Grunde genommen brauchen wir alle nur diese Liebe ganz allein, und die für eine ganze Ewigkeit."

- Heute Morgen sah ich zum ersten Mal meine Nichte. Sie wiegt ca. 1.500 Gramm und liegt noch im Brutkasten. Ich habe mir ihre unfassbaren kleinen Finger angeschaut, ihre Fingernägelchen, ihre Ohrläppchen, die kleinen Füßlein. Was für ein Wunder! Und da gibt es tatsächlich Menschen, die Gott noch leugnen wollen?

Solche Menschen kennen keine Wunder. Sie glauben nicht daran und werden auch keines erleben, weil sie diesen wunderbaren Gott ablehnen.

Nach diesem herrlichen Tag lege ich den Abend und die Nacht in seine Hände.
Es ist so wunderbar, immer wieder solche wunderschönen Tage mit Gott zu erleben.

Eine wunderbare Nacht da draußen wünscht Michael ☺
Das Leben ist wunderbar!

☐ Gefällt mir ☐ Weitererzählen ☐ Kommentieren   12. Juli 2012

▶ Was hast du schon WUNDERbares erlebt?

Verloren

„Dort, wo man Gott ablehnt, beginnt die Hölle, aber dort, wo er der Ehrengast ist, bekommt man ein Stück Himmel auf Erden."

Bitte Gott, dein Herz zu berühren. Du suchst Hilfe und die Wahrheit, Jesus ist die Antwort. Er war frei von Sünde. Wenn du zu ihm betest, sprichst du zum wahren Gott, deinem Freund, der elendig und arm in einem Stall auf die Welt kam und der sich mutig vor jene stellte, die sonst keiner mochte. Er verteidigte die Schwachen. Er heilte Taube und Blinde. Er weckte Tote auf, tat Wunder vor Tausenden von Menschen und war am Ende verlassen und einsam. Er kam in die Welt, um zu dienen. Er machte sich klein. Er trug allen Schmerz und alle Sünde, damit du frei wirst. Gott möchte, dass nicht eines seiner Kinder verloren geht. Bitte gehe zum Grund deines Herzens und erkenne, dass Gott selbst in dir wohnt.

☐ Gefällt mir   ☐ Weitererzählen   ☐ Kommentieren

▶ Wenn du dich für ein Leben mit Gott entschieden hast, bist du ein Kind Gottes. Dann ist in dir ein Stück Himmel. Du bist Teil einer Familie, wirst geliebt und wertgeachtet.

Glaubst du das?
☐ Ja
☐ Nein
☐ Vielleicht

Nach einer Vortragsreise

Eben komme ich von einer Vortragsreise, wo ich in Durlach, Köln und Bonn sprechen durfte. Was ich erleben durfte, ist unbeschreiblich.
Hier ein paar Impulse:
- Ein Mann, ca. 55 Jahre alt, beschloss nach meinem Vortrag, zu seinen beiden Söhnen zu fahren, um ihnen nach langer Zeit zu sagen, dass er sie liebt.
- Ein Mädchen (16 J.) konnte ihren Vater schon sehr lange nicht mehr in den Arm nehmen. Nach dem Gottesdienst geht sie zu ihm rüber. Die beiden halten sich minutenlang fest. Sie gesteht ihm ihre Liebe.
- Eine Frau beschloss, in der kommende Woche 500 km zu ihrem Vater zu fahren, um Frieden zu machen und um ihm zum ersten Mal zu sagen, dass sie ihn liebt.
- Eine Frau griff während des Vortrags zum Telefon und sagt ihren Eltern zum ersten Mal, dass sie sie liebt. Und das nach 40 Jahren.
- Ein junger Mann (überzeugter Atheist) wurde im Herzen von dem berührt, den er sein ganzes Leben lang leugnete. Er verließ den Gottesdienst mit Tränen in den Augen.

Es geht nicht um mich, denn ohne den „Boss" könnte ich gar nichts tun.
Viele beschlossen heute, Frieden zu machen, denn wer morgen nach Frieden sucht, lebt heute im Krieg.

☐ Gefällt mir   ☐ Weitererzählen   ☐ Kommentieren   März 2012

▶ Willst du heute Frieden schließen?
Jetzt ist der Moment!

Bestätigung!

Juhu, ich habe es geschafft!
Frieden mit

Datum, Ort

Das kann dir niemand mehr rauben, halte es fest.

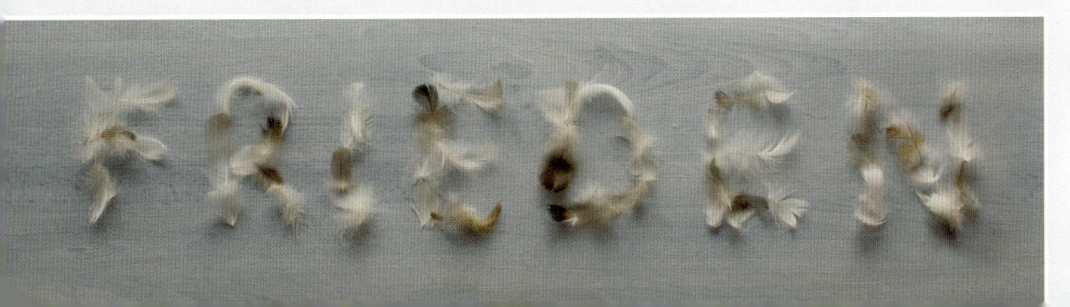

Ein Gebet

„Hinter aller Traurigkeit,
hinter aller Sucht,
hinter aller Verzweiflung,
hinter allen Schmerzen,
hinter aller Enttäuschung,
hinter aller Gewalt,
hinter jeder Intrige,
hinter aller Dunkelheit,
hinter allen Fragen
steckt tief verborgen eine Sehnsucht.
Sehnsucht ist die Suche
nach einem Paradies,
nach Heimat,
nach Schönheit,
nach Liebe,
und nach dem, was in Ewigkeit bleibt – nach Gott."

☐ Gefällt mir   ☐ Weitererzählen   ☐ Kommentieren   Juni 2012

▶ Schreibe dein eigenes Gebet an Gott.

Mir sind schon viele begegnet, die in ihrer Not zu Gott riefen und im Gebet gebettelt haben. Als sie dann hatten, wonach sie geschrien haben, haben sie ihn hochkantig wieder aus ihrem Leben geworfen.
Vergessen wir also nicht, Gott zu loben und ihm zu danken.

☐ Gefällt mir   ☐ Weitererzählen   ☐ Kommentieren

▶ Bleib Gott treu.

Wohin sollen wir gehen?

Wem bist du dankbar für deine Kinder?
Als meine Familie fast gestorben wäre, wohin hätte ich da schreien sollen?
Wohin würdest du schreien, wenn du um das Leben deiner Lieben bangen würdest?
Ich habe vor Kurzem einen fünffachen Vater, der im Leben nie etwas von Jesus wissen wollte, im Sterben begleitet. Auf dem Sterbebett hat er zu Gott geschrien, ihn kennen und lieben gelernt, und ist dann für immer eingeschlafen.
Ich habe viel mit krebskranken Kindern gearbeitet. Was hätte ich ihnen sagen sollen auf die Frage: Wenn wir sterben, kommen wir dann zu Gott? Was hättest du gesagt?
Ich brachte diesen Kindern die beste Nachricht der Welt, nämlich dass Gott sie liebt und Jesus ihre Schuld getragen hat.
Ich bin nun schon fast 20 Jahre unterwegs. Ich sage dir, was ich allen sage. Du bist voller unerfüllter Sehnsüchte, weil nur der Eine die Sehnsüchte stillen kann, die er in unser Herz gelegt hat.
Ich wünsche dir seinen Segen. Er ist der Vater, der uns hält und unserem Leben Sinn gibt.

☐ Gefällt mir ☐ Weitererzählen ☐ Kommentieren

▶ „Denk an ihn bei allem, was du tust; er wird dir den richtigen Weg zeigen." (Sprüche 3,6)

▶ „Auf all deinen Wegen wird er dich beschützen, vom Anfang bis zum Ende, jetzt und in aller Zukunft!" (Psalm 121,8)

▶ „Das Menschenherz macht Pläne – ob sie ausgeführt werden, liegt beim Herrn." (Sprüche 16,9)

Der Herr ist mein Hirte

Gedanken zu Psalm 23

„Er führt mich zum frischen Wasser."
Wasser bedeutet Leben. Gott selbst ist das Leben.

„Er erquicket meine Seele."
Was braucht meine Seele wirklich?
Viele klagen über „Burnout" und Psychologen sind ausgebucht.
Der meine Seele schuf, weiß auch, was sie braucht.

„Und ob ich schon wanderte im finsteren Tal, du bist bei mir."
Wie oft hat es mir den Boden unter den Füßen weggezogen?
Als meine Familie den schrecklichen Autounfall hatte, spürte ich seine Nähe ganz deutlich. Ich spürte, wie er uns alle durch das finstere Tal begleitete.

„Du salbest mein Haupt mit Öl."
Was bist du für ein wunderbarer Gott?
Königshäupter werden gesalbt, und nun salbst du mein Haupt.
Was für eine Wertschätzung! In deinen Augen bin ich ein richtiges Königskind!

„Gutes und Barmherzigkeit werden mir folgen mein Leben lang
und ich werde bleiben im Hause des Herrn immerdar."
Wie kann man Gutes und Barmherzigkeit ablehnen?
Die Ewigkeit am Vaterherz Gottes zu verbringen, wie kann man das ablehnen?

Ich wünsche allen Menschen, dass sie eines Tages von Herzen sprechen mögen:
„Ja, der Herr ist auch mein Hirte."

☐ Gefällt mir   ☐ Weitererzählen   ☐ Kommentieren

▶ Ist der Herr dein Hirte?

Lies Psalm 23 und erweitere es wie Michael – aber stimme es auf dein eigenes Leben ab.

Kinderwunsch

Ein kleines Kind wurde im Kindergarten gefragt, was es sich wünschen würde, wenn es einen Wunsch frei hätte. Die Antwort des Kindes war: „Lieber wohne ich mit Mama und Papa in einem kleinen Wohnwagen als ohne sie in einem großen Haus."
Tja, so einfach kann man die Sehnsüchte der Kinder stillen.

☐ Gefällt mir   ☐ Weitererzählen   ☐ Kommentieren

Keiner war bei der Evolution dabei

Keiner hat gesehen, wie das alles vor sich ging.
Keiner hat gesehen, wie Gott die Welt erschaffen hat.
Sollten Atheisten und Evolutionsfreunde recht haben, erwartet uns nach dem Tod alle dasselbe Schicksal. Sollte allerdings die Bibel recht behalten, dann bin ich durch Jesus Christus auf der sicheren Seite. Ich kann also nur gewinnen.
Das Beste ist, ich habe heute schon gewonnen und bin in den dunkelsten Stunden meines Lebens nicht allein. Sollte alles durch „Zufall" entstanden sein, wäre kein Sinn dahinter. Die „Gute Nachricht" (das Evangelium) ist, dass Gott alles aus Liebe geschaffen hat. Wir sind gewollt! Wir sind unbeschreiblich wertvoll und definitiv kein Produkt des Zufalls.

☐ Gefällt mir   ☐ Weitererzählen   ☐ Kommentieren

▶ Lies 1. Mose 1,1-31 und bezieh das, was Gott in Vers 31 sagt, auf dich, denn Gott hat auch dich wunderbar geschaffen.

Er sagt über dich 2 Worte:

Und: Du bist kein Zufall!
Du bist erwählt

Der Zufall kennt keine Ordnung

Schaut euch mal unser Universum an: wie geordnet!
Schaut euch mal unsere Erde an: wie geordnet!
Schaut euch mal unsere Tiere und Pflanzen an: wie geordnet!
Schaut euch mal unser Leben an: wie geordnet!

Selbst das kleinste Atom ist voller Ordnung und Pläne.
Alle, die nicht an Gott glauben, sondern an Zufälle,
haben gewissermaßen einen größeren Glauben als ich.
Und das mag was heißen ☺.

„Gott ist die Liebe,
und wer in der Liebe bleibt,
der bleibt in Gott
und Gott in ihm." (1. Johannes 4,16b)

☐ Gefällt mir   ☐ Weitererzählen   ☐ Kommentieren

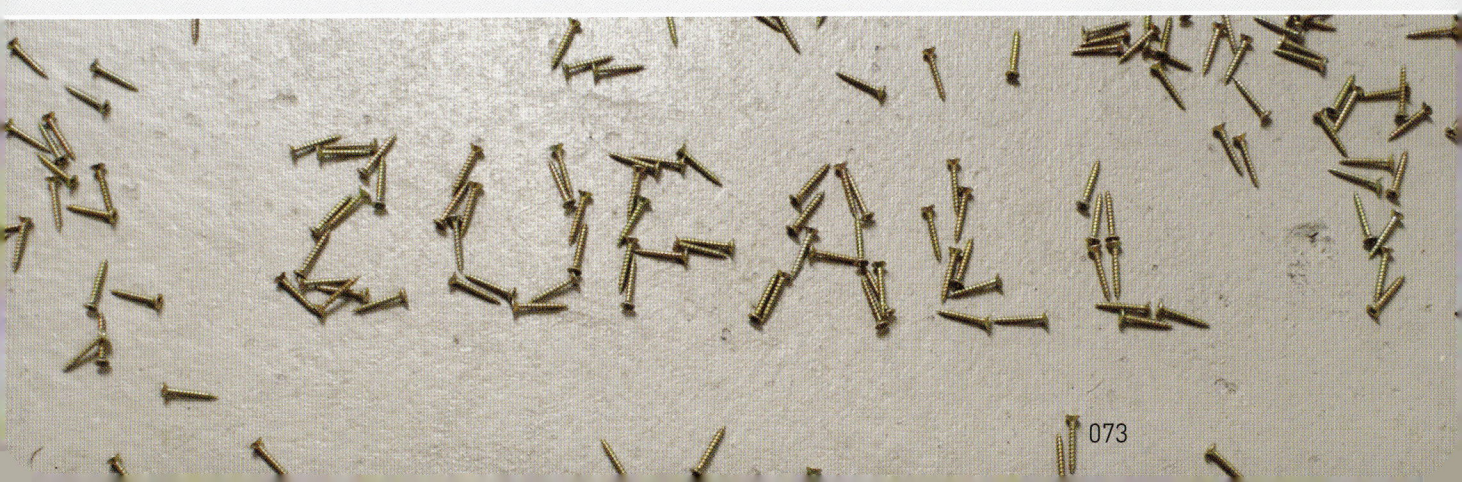

073

Da ist einer

Vorhin hatte ich ein intensives Gespräch mit einem jungen Mann, der gerade eine schwere Zeit durchmacht. Ich kam aus dem Krankenhaus, wo ich einen geliebten Menschen besuchte. Der junge Mann fragte mich, woher ich die Kraft nehme, da ich doch so viele Menschen in den letzten Jahren verloren hatte. Die Kraft nach dem schweren Autounfall damals mit meiner Frau und Tochter, mein eigener Unfall vor drei Monaten und die Tatsache, jede Woche vor Hunderten von Menschen zu stehen. Dazu die Angriffe, belächelt zu werden, weil ich an Gott glaube und mich nicht dafür schäme. Es gibt so viele Menschen, die mir ihr Leid klagen und nicht mehr leben wollen. Nur aus einem einzigen Grund: weil Menschen gemein und gehässig sind und Freude am Quälen haben.

„Wie hältst du das aus, Micha?", fragte er mich also.
Hier meine Antwort für alle:

▶ Jesus spricht: „Ich versichere euch: Ihr werdet jammern und weinen, und die Welt wird sich freuen. Ihr werdet traurig sein; doch ich sage euch: Eure Trauer wird sich in Freude verwandeln."
(Johannes 16,20)

Da ist einer, der mich stützt, wenn ich wanke.
Da ist einer, der mich hält, wenn ich nicht mehr stehen kann.
Da ist einer, der mich auffängt, wenn ich falle.

Aus eigener Kraft vermag ich nichts,
aus eigener Kraft bin ich nichts,
aus eigener Kraft hätte ich nichts.

Da ist einer, der mir ganz nah ist,
dicht an meiner Seite,
der sich für nichts zu schade ist,
der mich liebt, trotz all meiner Schuld,
meiner Macken und meines Versagens.

Da ist einer, der mich liebt, so wie ich bin.
Erklären kann ich dieses Wissen,
dieses Vertrauen und diese Liebe nicht,
es ist einfach so.

Ich habe auf viele Fragen keine Antworten,
aber ich vertraue ihm.
Eines Tages wird er all unsere Fragen beantworten
und alle Tränen abwischen, keine Trauer,
kein Leid und kein Weinen mehr.

Auch wenn die Welt um mich herum zerbricht,
Jesus Christus verlässt mich nicht.
Gold und Silber habe ich nicht,
was ich aber habe, das gebe ich euch: die Liebe Gottes.

☐ Gefällt mir   ☐ Weitererzählen   ☐ Kommentieren

Alle 3 Minuten

Alle 3 Minuten wird auf dieser Welt laut Statistik ein Christ für seine Liebe zu Jesus ermordet.
Ich wollte uns nur alle daran erinnern.
Bitte betet für sie!

„Selig seid ihr, wenn euch die Menschen um meinetwillen schmähen und verfolgen und reden allerlei Übles gegen euch, wenn sie damit lügen. Seid fröhlich und getrost; es wird euch im Himmel reichlich belohnt werden."
(Jesus Christus in Matthäus 5,11-12a)

☐ Gefällt mir ☐ Weitererzählen ☐ Kommentieren

◄ Nimm dir ein Beispiel an der brennenden Liebe dieser Christen zu Jesus – trotz Verfolgung, Strafen, Tod …

Du erfährst mehr unter www.opendoors.de

Das Geschenk

Bei jedem Geschenk geht es in erster Linie darum, welche Liebe dahintersteckt. Da Gott uns seinen Sohn schenkte, sollten wir uns der Liebe bewusst sein, die dahintersteckt. Das Schlimmste daran ist, dass es die Welt kaum juckt.
In armen Ländern strecken sich viele Menschen nach Jesus aus. Unsere Wohlstandsgesellschaft lehnt ihn hingegen ab. Erst wenn uns Krisen und Katastrophen ereilen, erinnern wir uns wieder daran.
Die modernen Menschen sagen, wir brauchen keinen Gott.
Ich bin froh, in diesem Sinne unmodern zu sein.

„Er kam in sein Eigentum, und die Seinen nahmen ihn nicht auf." (Johannes 1,11)

Es grüßt der unmoderne, aber unfassbar beschenkte Michael

☐ Gefällt mir ☐ Weitererzählen ☐ Kommentieren

▶ Bist du beschenkt, weil du das Geschenk Gottes angenommen hast? Super.

Wenn nicht, nimm es an, warte nicht. Jeder weitere Tag ist ein verlorener Tag. Ehrlich.

Rede frei mit Gott oder sprich das Gebet auf Seite 113

Männer reden nicht gerne

Heute hatte ich ein intensives Gespräch mit einem Mann.
Es geht ihm sehr schlecht. Bis vor wenigen Tagen wollte er nichts von Gott wissen. Er hat in vielen Bereichen seines Lebens massive Probleme.
Zu Beginn des Gesprächs sagte ich aus einem Reflex heraus folgenden Spruch, der mir in jenem Augenblick eingefallen ist:
„Du kannst mir alles sagen, musst dich für nichts schämen, selbst wenn du in die Hose gesch....n hast, sag' es mir. Früher oder später wird es stinken und dann werde ich es eh wissen."

Ein Lächeln zog über sein besorgtes Gesicht und dann fing er an zu reden.

☐ Gefällt mir ☐ Weitererzählen ☐ Kommentieren

▶ Such dir einen Freund, dem du alles sagen kannst. Es tut so gut, miteinander zu reden.

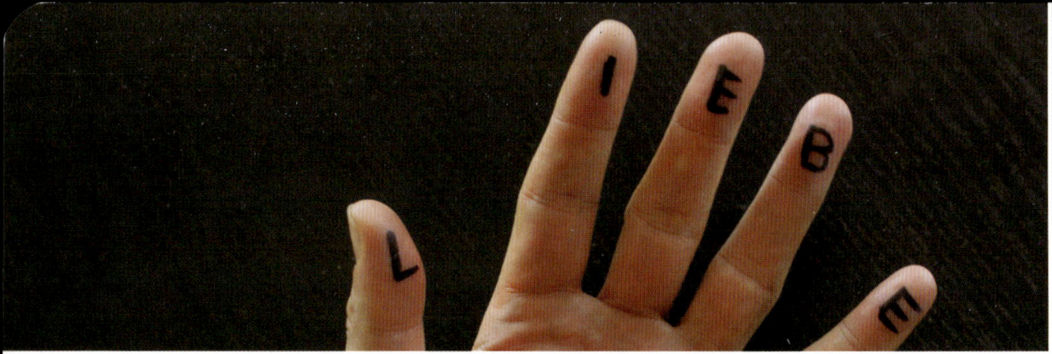

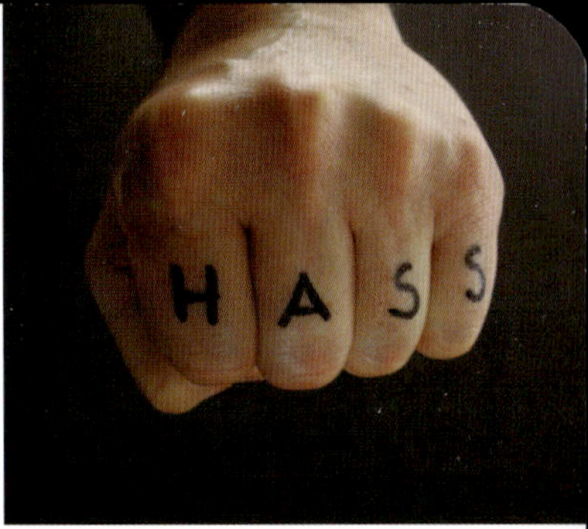

Wo Liebe fehlt, wächst Gewalt

800.000 Kindergartenkinder sitzen abends um 22 Uhr noch vor der Kiste.
Deutsche Väter reden durchschnittlich ca. 3 Minuten pro Tag mit ihrem Kind.
80 % unserer Kinder gehen nicht mehr regelmäßig nach draußen zum Spielen.
Nur noch 23 % unserer Mahlzeiten nehmen wir bewusst zu uns.
In Deutschland wurden letztes Jahr 500.000 Tonnen Brot weggeworfen, insgesamt
20.000 Millionen Tonnen Lebensmittel.
Jedes dritte Kind in Deutschland hat Sprachprobleme.

Und an all dem geben wir Gott die Schuld.
Wir sehnen uns nach Wundern und vergessen, dass wir selbst ein Wunder sind.
Wir sollten uns für unsere Familie, Freunde und Nachbarn wieder mehr Zeit neh-
men. Wir sollten wieder mehr miteinander reden und nicht übereinander.

Ruf doch heute noch jemand an, der Angst vor morgen hat, und nimm ihm die Angst.
Sag doch deinen Eltern oder deinen Kindern, dass du sie lieb hast.
Oder ruf jemand an, mit dem du schon lange nicht mehr geredet hast.
Du willst ein Wunder? Sei selbst ein Wunder!

☐ Gefällt mir   ☐ Weitererzählen   ☐ Kommentieren

▶ Gott ist ganz klar:
„Macht euch nichts vor!
Gott lässt keinen Spott mit
sich treiben. Jeder Mensch
wird ernten, was er gesät
hat. Wer auf den Boden
der menschlichen
Selbstsucht sät, wird von
ihr den Tod ernten. Wer
auf den Boden von Gottes
Geist sät, wird von ihm
unvergängliches Leben
ernten."
(Galater 6,7-8)

Es ist dein Wille,
du hast die Wahl.

Gebetserhörung

Danke! Vor ca. sechs Wochen bat ich um eure Gebete für ein kleines Mädchen. Sie hatte einen Tumor im Kopf. Heute habe ich die kleine Maus zum ersten Mal ganz lange im Arm gehalten. Sie hat das Krankenhaus verlassen. Sie hat zwar noch einiges vor sich, doch das Schwerste liegt bereits hinter ihr. Ich danke euch für all eure Gebete!
Was ich empfunden habe, als ich die Kleine heute im Arm hielt, ist unbeschreiblich. Gott trägt uns, wenn sonst nichts mehr trägt. Er ist da, wenn alle gegangen sind.

Gebete haben Kraft!

☐ Gefällt mir   ☐ Weitererzählen   ☐ Kommentieren   Juli 2012

▶ Gebete haben Kraft!

Probier es aus.
Entscheide dich.

▶ Lies das Gebet auf Seite 113 und mach es zu deinem Gebet.

Titanic

Vor ein paar Tagen konnte ich eine Originalmünze der Titanic erwerben. Als ich heute die Münze in der Hand hielt, musste ich dran denken, wie sehr die Menschen vor dem Eisberg gefeiert haben müssen. Vielleicht gab es dabei auch so manche Diskussion über Gott. Ich höre sie reden: „Es gibt keinen Gott!", oder „Ist doch egal, an was man glaubt!" Ich höre die Spötter und Zweifler.
Doch mitten in der Nacht werden Gespräche und Tanz plötzlich gestört. Sekunden später ist Panik und Entsetzen. Schreie sind zu hören. Der Tod ist da.
Nun ertönt ein letztes Lied an Bord: „Näher, mein Gott, zu dir." Die Spötter und Zweifler verstummen.

Wenn dich nichts mehr hält, hält dich Gott.
Wenn alle gegangen sind, ist Gott immer noch da.

☐ Gefällt mir   ☐ Weitererzählen   ☐ Kommentieren

Die Sehnsucht nach Abenteuer

Ich hab diese nette Geschichte ja schon oft erzählt. Vor einigen Jahren hielt ich einen Vortrag vor ca. 700 Menschen.

Darunter die Mehrzahl Frauen. Ich sprach die Damen direkt an: „Liebe Frauen, angenommen, Sie hätten die Wahl, entweder einen Mann zu haben, der lieb und nett ist, nach dem Feierabend sein Bier trinkt, seine blaue Jogginghose anzieht und sein weißes Unterhemd, dann seine Sendungen anschaut und dabei über Hinz und Kunz herzieht. Oder wäre Ihnen ein Mann wie Highlander, Gladiator, Braveheart oder Robin Hood lieber? Also, was ist Ihnen lieber: Typ A, der gemütliche Langweiler, oder Typ B wie Robin Hood?"

Ich ging in die erste Reihe und hielt das Mikrophon einer Dame direkt unter die Nase. Verlegen schaute sie nach links und rechts, schob das Mikrophon beiseite und flüsterte ganz leise: „Ich kann nichts sagen. Mein Mann sitzt dahinten."

◀ Welcher Typ bist du?
☐ A
☐ B

◀ Es liegt an dir:
▸ aufstehen
▸ lieben
▸ kämpfen
▸ siegen.

◀ Aber bleib immer du selbst, bleib echt.

☐ Gefällt mir   ☐ Kommentieren   ☐ Weitererzählen   Juni 2012

Die Menschen verschmachten vor Angst

Ein Großteil der Welt fürchtet darum, morgen nichts mehr zu essen zu haben.
Viele fürchten sich vor Inflation oder Deflation.
Noch nie gab es so viele Suizide wie in den letzten Jahren.
Menschen haben mehr und mehr Angst vor dem Leben.

Die Welt sagt: Es ist egal, an was man glaubt. Wirklich? Dann hätte Jesus ja gar nicht zu kommen brauchen und diesen schrecklichen Tod sterben müssen.

Mitten in unsere Angst spricht Jesus: „Hab keine Angst, ich bin bei dir, ich habe dich erlöst, du bist mein. Ich bleibe bei dir alle Tage deines Lebens bis an das Ende der Welt." (vgl. Jesaja 43,1; Matthäus 18,20)

☐ Gefällt mir   ☐ Weitererzählen   ☐ Kommentieren

▶ Gott weiß, dass wir Angst haben. Deshalb sagt er in der Bibel so oft, dass wir keine Angst haben brauchen – das reicht für jeden Tag.

Er hat die Angst besiegt.

Nimm diese Zusagen ganz persönlich für dich in Anspruch.

Wahnsinnsangebot

Jesus lehrte uns das „Vaterunser". Das erste Wort „Vater" bedeutet automatisch, dass ich ein Kind Gottes sein darf, also ein Mitglied der göttlichen Familie.
Wie kann man nun herausfinden, was das Richtige für mein Leben ist? Ganz einfach.
In 1. Johannes 4 heißt es: „Ein jeglicher Geist, der bezeugt, dass Jesus der Sohn Gottes ist, das ist der Geist Gottes. Ein jeglicher Geist, der das nicht bezeugt, das ist der Geist des Antichristen."
So könnt ihr es überprüfen. Ist ganz einfach.
Gott lässt uns nicht im Unklaren. Er klärt uns durch Jesus auf.
Jesus spricht: „Ich bin der Weg und die Wahrheit und das Leben." (Johannes 14,6)

☐ Gefällt mir   ☐ Weitererzählen   ☐ Kommentieren

▶ Überprüf alles.
Auch dein Leben.
Bei Gott gibt es nur warm oder kalt, nicht lauwarm.

Begib dich nicht in die Grauzone, ins Lauwarme.

Entscheide dich, brennend für Jesus zu sein.

Frauenfrühstück

Heute erzählte mir eine über 80-jährige Frau, dass sie zwei Söhne hat. Einer starb vor zwei Jahren, und der andere ist sterbenskrank. Beide Söhne hat sie liebevoll erzogen, aber sie konnte später ihren erwachsenen Söhnen nicht mehr sagen: „Ich hab dich lieb!" Nun bereut sie dies. Heute entschloss sie sich, ihrem noch lebenden Sohn diesen einfachen Satz zu sagen: „Ich hab dich lieb." Denn es ist egal, wie alt man ist, wenn man diesen Satz sagt. Wenn unsere Eltern einmal gehen, ist es nicht von Bedeutung, wie alt wir sind, ob wir 20, 30, 40 oder noch älter sind, wir sind wieder Kinder. Andersherum genauso. Egal, wie alt unsere Kinder sein werden, sie bleiben immer unsere Kinder. Wir sind nie zu alt für diesen Satz, nie zu vornehm, zu eitel, zu stolz oder zu dumm.

„Ich hab dich lieb!" Nutzen Sie die Zeit, solange Gelegenheit dazu ist.
In diesen Stunden hört ein ca. 50-Jähriger von seiner Mutter nach Jahrzehnten wieder diesen Satz: „Ich hab dich lieb." Ein Wunder für den todkranken Mann. Unfassbar wertvoll! Dieses Wunder steckt in jedem von uns, geizen wir nicht damit!

▶ Schreib doch mal wieder einen Liebesbrief.
An die liebste Person oder an Gott.
Hab Mut, es verändert...

☐ Gefällt mir ☐ Weitererzählen ☐ Kommentieren Januar 2013

Gedanken zum Weltfrauentag

Mir fällt gerade ein, wie kostbar und wunderbar Gott die Frau erschaffen hat.
Mit wie viel Wertschätzung hat Jesus die Frauen behandelt!
Mit wie viel innerer Schönheit hat Gott die Frauen ausgestattet!
Da trifft es mich besonders, wenn ich Mädchen oder Frauen sehe, die saufen, rauchen, schlagen oder Intrigen schmieden.

Liebe Frauen, Gott hat euch so wertvoll gemacht! Entdeckt euren Wert und die Schönheit in euch!

☐ Gefällt mir   ☐ Weitererzählen   ☐ Kommentieren   Januar 2012

▶ Schreib die ganzen positiven Dinge, die Gott dir für eine bestimmte Person auf's Herz legt, auf und schickt es anonym ab.

Gott wird handeln.

Die Umarmung

Eine bewegende Geschichte

Vor Kurzem traf ich einen Mann, dessen Ehefrau vor ein paar Monaten gestorben war. Er kam nach einem Vortrag zu mir und gab mir einen kleinen Einblick in seine Seele. Er bezeugte seine Liebe und Treue zu Jesus, der ihn in der schweren Zeit trägt. Wenige Wochen nach dem Tod seiner Frau ging er in den Gottesdienst. Er schloss während der Gebete und des Gesangs seine Augen und spürte, wie jemand seine Hand auf seine Schulter legte. Seine Seele wurde ruhig und er spürte einen starken Halt und die Liebe Gottes. Nach dem Lied öffnete er seine Augen und schaute sich nach einem Menschen um. Doch es war niemand da.

Nun kann jeder denken, was er mag. Wichtig ist, dass der Witwer Trost erhielt. Mögen 99 darüber lachen. Wenn sich einer Jesus anvertraut, dann hat das Posten einen Sinn.

☐ Gefällt mir   ☐ Weitererzählen   ☐ Kommentieren

▶ Gott weiß, wie er dich trösten kann. Er ist ja so kreativ.

083

Kinderfragen

Was sagt ihr euren Kindern, wenn sie fragen:

Gibt es Gott?

Wenn ich sterbe, wo gehe ich dann hin?

Wer hat die Blumen und den Himmel gemacht?

Wer lässt Essen auf den Bäumen wachsen?

Wer gab dem Igel seine Stacheln?

Wer machte, dass ein Vogel fliegen kann?

Woher habe ich meine Seele?

Wer hat die bunten Farben in den Regenbogen getan?

Wer hat gemacht, dass die Fische nicht ertrinken?

Ist deine Universalantwort: „vom Urknall"?

Was sagen Atheisten ihren Kindern, wenn die Frage kommt,
wo die toten Menschen sind?
Beten diese Menschen nie an den Bettchen ihrer Kinder?
Wird dort noch Weihnachten gefeiert?

Achtet gut darauf, was ihr den Kleinen sagt.

Mein Gedicht „Vatertränen"

„Geh deinen Weg unbeirrt durch die Zeit,
voller Liebe, Mut und Tapferkeit.
Nimm Gott, den Herrn, als Vater an,
lieber gleich als einmal irgendwann.
Es geht hier um mehr, als nur um dein Leben.
Es geht um die Ewigkeit, die Gott dir will geben.
Es geht um Freiheit, Freude und Lachen,
weil der Herr dich will endlich glücklich machen.
Du bist sein Kind, das er so sehr liebt.
Er wünscht sich so sehr, dass dein Herz du ihm gibst.
Er will für dich sorgen bei Tag und bei Nacht,
weil ein liebendes Vaterherz das halt so macht.
Entscheiden musst du dich ganz allein.
Denn Liebe kann nie Zwang und Verpflichtung sein.
Des Vaters Tränen trocknen.
Aber wär's nicht an der Zeit,
um in seiner Liebe zu leben in Ewigkeit?"

☐ Gefällt mir   ☐ Weitererzählen   ☐ Kommentieren

▶ Es geht in deinem Leben nicht um 70 oder 80 Jahre mit Selbsterfüllung, persönlicher Zufriedenheit und Erfolg. Es geht um Liebe. Die Liebe des Schöpfers zu seinen Geschöpfen.

Gottes Liebe zu dir:
☒ Ja, ja, ja, ja, ja, ja, ja...
☐ Nein

Deine Liebe zu Gott:
☐ Ja
☐ Nein

„Passt euch nicht den Maßstäben dieser Welt an. Lasst euch vielmehr von Gott umwandeln, damit euer ganzes Denken erneuert wird. Dann könnt ihr euch ein sicheres Urteil bilden, welches Verhalten dem Willen Gottes entspricht, und wisst in jedem einzelnen Fall, was gut und gottgefällig und vollkommen ist."
(Römer 12,2)

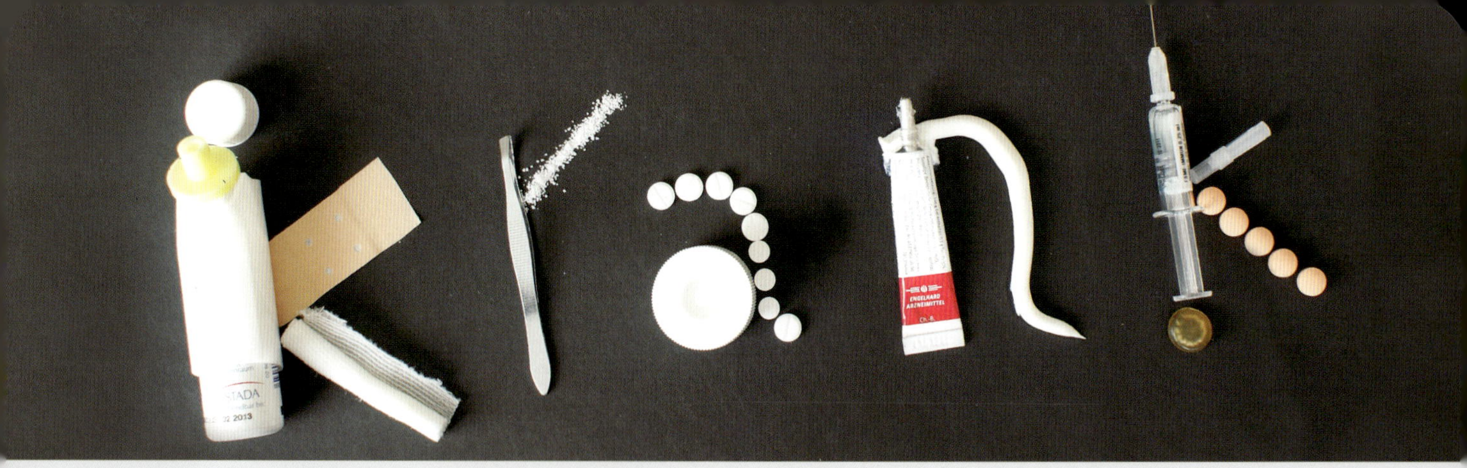

Nur eine Frage

Unfassbares Elend und Chaos begegnet mir oft in meinem Beruf. In den letzten Monaten erfuhr ich von vielen, dass sie schwer krank sind. Ich selbst habe in den letzten Jahren einige liebe Menschen verloren. Letzte Woche war ich in einem Hospiz und vor einigen Wochen traf ich zwei Menschen, die klinisch tot waren.

Wie oft strampeln wir uns ab, sammeln materielle Dinge oder suchen nach Ruhm und Anerkennung. Doch ich bin mir absolut sicher: wenn wir einst aus dieser Welt gehen, wird uns nur eine einzige Frage gestellt werde. Nämlich nicht, welche Konfession wir hatten, wie sehr wir gekämpft haben oder was wir alles zusammengehamstert haben. Nein, ich glaube nicht, dass wir uns den Himmel mit Leistung verdienen können. Ich bin mir sicher, dass wir vor Jesus Christus stehen werden und er uns eine Frage stellen wird: „Hast du mich lieb?"

Was wirst du sagen, wenn du vor ihm stehst?

☐ Gefällt mir   ☐ Weitererzählen   ☐ Kommentieren   Oktober 2012

▶ Was wirst du sagen?
Es ist deine Entscheidung.
Gott hat dir einen eigenen Willen gegeben.
Es ist deine Chance.

Hast du schon das Gebet auf Seite 113 gebetet?

Seltsame Gedanken

- Als das World Trade Center einstürzte, waren die Kirchen tagelang überfüllt.
- Als das Unglück auf der Love Parade war, gab es einen Sondergottesdienst.
- Als der schreckliche Tsunami in Japan war, gab es auch einen Sondergottesdienst.
- Selbst als die Titanic sank, spielten sie das Lied „Näher, mein Gott, zu Dir".

Meine Welt muss nicht erst untergehen, damit ich mit Gott rede.
Es muss mir nicht erst der Boden unter den Füßen weggerissen werden.
Ich kann ihm einfach so danken und ihm sagen, dass ich ihn lieb habe.

Er ist der Vater aller Väter und ich bin sein Kind.
Das wünsche ich euch allen, eine liebevolle Beziehung zu „Papa".
Da hast du einen Ort, wo man danken und schreien kann.

„Glücklich sind die Menschen, die auf Gott vertrauen.
Sie sind wie Bäume, die nah am Wasser stehen
und reichlich Frucht bringen." (Psalm 1)

☐ Gefällt mir ☐ Weitererzählen ☐ Kommentieren   Oktober 2012

▶ Liebst du Gott so sehr, dass du ihn mit Papa anredest?

Er ist der allerallerbeste Papa der Welt.

Er ist immer da

Heute ist Karfreitag. Es hat geschneit und ist ziemlich kalt draußen. Ich sitze in meinem Zimmer, aber auch dort ist es kalt. Es ist mein altes Kinderzimmer im Haus meines Vaters. Er lebt mittlerweile in einem Altenheim, da er nach dem Tod meiner Mutter vor zweieinhalb Jahren alleine nicht mehr zurecht kam. Das Haus ist leer geräumt. Es gibt nur noch ein Schlafsofa mit einem Nachttisch und einen alten Küchentisch mit einem Stuhl. Und ein Heizlüfter. Doch der braucht eine Weile, bis es einigermaßen angenehm wird. Das alte Bügelbrett meiner Mutter dient als Wäscheablage. Mehr nicht. Es wird auch so ziemlich das letzte Mal sein, dass ich hier schlafe. Das Haus steht zum Verkauf. Immer wieder werde ich gefragt: „Macht es dir nichts aus, so alleine in diesem Haus zu sein?"

Nun, die Erinnerungen an vergangene Tage sind natürlich präsent, und manchmal vermisse ich meine Mutter sehr. Nach reinem Menschenverstand müsste ich hier völlig durchdrehen. Aber ich bin nicht alleine, denn der EINE ist bei mir, der mir versprochen hat, dass er bei mir ist bis an das Ende aller Tage (Matthäus 28,20). Der zu seinem Vater gebetet hat, dass er mich bewahrt und dass ich nicht verloren gehe (Johannes 17,12). Dieser Eine ist Gott der Vater, der mich unablässig und bedingungslos liebt. Jesus, der vor zweitausend Jahren stellvertretend für meine Sünden am Kreuz gestorben ist! Er ist mein Tröster und meine Kraft, wenn mich Erinnerungen niederdrücken. In seine Arme flüchte ich und bin gewiss, dass er mich nie abweisen wird.

Vor zehn Jahren vertraute ich ihm mein Leben an, doch auch in diesen zehn Jahren ist nicht alles glatt gelaufen. Die See des Lebens ist oft rau und stürmisch. Sie bläst mit heftigem Gegenwind, und manches Mal drohte mein Schiffchen aus dem Ruder zu laufen. Aber Gottes Hand hat mich nie losgelassen! Nach vorne blickend, ist vieles ungewiss, aber rückblickend kann ich sagen, dass mir alles, was mir widerfahren ist, zum Besten gedient hat. Ein Leben ohne Gott?

▶ Wie geht es dir?
Fühlst du dich oft alleine?

Gott ist da. Komm in seine Arme.

Absolut unvorstellbar für mich! Sein Wort sagt: „Die Liebe Gottes ist ausgegossen in unsere Herzen." (Römer 5,5). Wann öffnest du dein Herz für seine Liebe?

Liebe Grüße, Chris Kempers – Sängerin, z. B. Eurovision Song Contest

☐ Gefällt mir   ☐ Weitererzählen   ☐ Kommentieren   29. März 2013

Ein Lächeln

Ein Kleinkind lächelt durchschnittlich 200-mal am Tag, ein Erwachsener 20-mal.
Jesus sagt: „Werdet wie die Kinder!" (vgl. Matthäus 18,3)

▶ Geh heute mit einem Lachen durch den Tag – es steckt andere an.

☐ Gefällt mir   ☐ Weitererzählen   ☐ Kommentieren

Engel

Mein Töchterlein Laura Sophie wird heute drei Jahre alt.
Es ist schön, wenn man Gott für dieses wunderbare Wesen, meine kleine
Prinzessin, danken kann.
Wenn ich meine kleine Maus frage: „Wer hat alles wunderbar gemacht?"
Dann sagt sie: „Gott."
Vor anderthalb Jahren überlebte sie einen schrecklichen Autounfall.
Jeder neue Tag ist ein Geschenk.

„Denn er hat seinen Engeln befohlen,
dass sie dich behüten auf allen deinen Wegen." (Psalm 91,11)

☐ Gefällt mir   ☐ Weitererzählen   ☐ Kommentieren   Juni 2012

Nach einem Vortrag in Nürnberg

Gerade eben erhielt ich diese Mail. Ich möchte sie am liebsten mit der ganzen Welt teilen:

„Lieber Michael,
ich hatte etwas anderes erwartet, als ich zu deinem Vortrag kam.
Aber nun durfte ich sehen, wie Gott lenkt.
Ich möchte dir danken für deine Ermutigung, gerade was die Eltern betrifft.
Ich bin bei meinen Großeltern aufgewachsen. Meine Eltern kenne ich kaum. Sie waren nie Eltern für mich gewesen. Auch nicht in den wenigen Jahren, in denen ich bei ihnen leben musste.
Trotzdem habe ich deinen Rat befolgt und sie angerufen. Mein Vater war sehr erstaunt und hat nicht gleich aufgelegt, wie ich befürchtet hatte, auch nicht gelacht.
Er hat mir in 47 Jahren zum ersten Mal gesagt, dass er mich liebt!"

☐ Gefällt mir   ☐ Weitererzählen   ☐ Kommentieren   17. März 2012

Jesus hat eine Entscheidung getroffen:

Lieber wollte ER für dich durch die Hölle gehen, als ohne dich im Himmel sein!
Was für eine Liebe, was für ein Freund, was für ein Gott!

☐ Gefällt mir   ☐ Weitererzählen   ☐ Kommentieren

▶ Erzähl von dem, was du mit Jesus erlebst.
Nicht zu deiner Ehre, sondern zur Ehre Gottes.
Und zur Motivation für andere Christen.

Wir brauchen Zeugnisse.

Drucksituationen

Im Sport und im Leben gibt es immer wieder Drucksituationen. Situationen, in denen wir zweifeln oder Angst haben. In Ungewissheit, ob wir Erfolg haben werden oder der Situation nicht gewachsen sind.

Der Glaube an Gott hilft mir in diesen Situationen ruhig zu bleiben. Ich weiß, dass das Ergebnis dieser Situation die bedingungslose Liebe Gottes zu mir nicht beeinflusst. Ich kann nichts tun, dass mich Gott mehr oder weniger liebt. Seine perfekte Vaterliebe bleibt für immer.

Als Christ glaube ich, dass Gott einen Plan für mein Leben hat und Drucksituationen zum Leben gehören. Wenn Gott möchte, dass wir durch eine schwere Situation gehen, dann rüstet er uns auch mit der notwendigen Kraft und den benötigten Fähigkeiten aus und wir wachsen an den Aufgaben.

▶ Wie gehst du mit Drucksituationen um?

▶ Glaubst du, dass Gottes Liebe zu dir immer gleich bleibt?

Gott gibt uns für jeden Tag die Kraft, die Last eines Tages auszuhalten, am Ende jeden Tages dürfen wir die Tageslast bei ihm abliefern und auch Vergebung erfahren. Wir planen unsere Tage, aber schleppen uns nicht mit der Sorge über die Zukunft ab.

Gott rüstet uns nicht nur für die Herausforderungen des Lebens aus, sondern er will mit uns zusammen hindurchgehen. In seiner Gegenwart können wir mutig zupacken.

Das heißt nicht, dass uns alles gelingen wird, aber ich werde gehalten und weiß mich von Gott geliebt.

Mein Lieblingsvers der Bibel:
Gott spricht: „Sei mutig und entschlossen! Hab keine Angst und lass dich durch nichts erschrecken; denn ich, der Herr, dein Gott, bin bei dir, wohin du auch gehst!" (Josua 1,9)

Simon Gühring – Kapitän der deutschen Baseball-Nationalmannschaft

☐ Gefällt mir   ☐ Weitererzählen   ☐ Kommentieren   Termin

Gottes Liebe

Wer im Leben ohne Gott leben will, der darf das auch in aller Ewigkeit.

Wer sein Leben mit und in der Liebe Gottes lebt, der wird sie auch in Ewigkeit erleben.

„Was kein Auge jemals gesehen und kein Ohr gehört hat,
worauf kein Mensch jemals gekommen ist,
das hält Gott bereit für die, die ihn lieben." (1. Korinther 2,9)

☐ Gefällt mir   ☐ Weitererzählen   ☐ Kommentieren   April 2012

▶ „Alles hat er schön gemacht zu seiner Zeit, auch hat er die Ewigkeit in ihr Herz gelegt." (Prediger 3,11)
Gott hat die Ewigkeit in dein Herz gelegt.

Die Liebe meines Lebens

Manche mögen lachen, die Augen verdrehen oder spotten. Jesus Christus ist tatsächlich die Liebe meines Lebens.

Wenn ich nur daran denke: Als kleiner Junge wollte ich nicht mehr leben. Da spürte ich auf einem Mal in meinem Herzen seine Liebe und Nähe. Er erniedrigte sich selbst, um uns zu erhöhen. Er kam, um uns zu dienen. Von ihm habe ich alles: meine Familie, meine Freunde, meine Berufung und mein Leben.

Bei ihm habe ich trotz all meiner Fehler eine Heimat. Dort bin ich angekommen, in seiner Liebe bin ich zu Hause. Tagtäglich sehe ich Menschen, die nach Ruhm und Anerkennung jagen. Gewalt und Mobbing sind Ausdruck ihrer Bitterkeit. Doch nur der, der all deine Sünden auf sich lud, kann dich frei machen. Wir können uns nicht selbst erlösen. Jesus nimmt uns so, wie wir sind. Wir sind nur ein Gebet weit von ihm entfernt. Er ist da und sehnt sich nach deiner Liebe!

▶ Leg ein Holzherz auf deinen Schreibtisch, den Tisch, in die Küche ... und denke bei jedem Blick darauf an deine Liebe des Lebens – Jesus.

☐ Gefällt mir   ☐ Weitererzählen   ☐ Kommentieren

Liebeszeugnis

Mein Lieber Jesus, wie viele reden mit dir, wenn sie etwas brauchen?
Selbst wir Christen, wie oft kommen wir mit unseren Bitten?
Ich will dich um gar nichts bitten, sondern dir danken und mit der Welt teilen, warum ich dich liebe:
Weil DU bei mir bist, wenn alle gegangen sind.
Weil DU mir zuhörst, wenn die Welt sich von mir abwendet.
Weil DU mich auffängst, wenn die Welt mich fallen lässt.
Weil DU mir vergibst, wenn die Welt mich anklagt.
Weil DU mich liebst, wenn ich gehasst werde.
Weil DU mir ewiges Leben schenkst, wenn ich sterbe.
Weil DU die Liebe in Person bist.
Weil DU mich liebst, so wie ich bin.

☐ Gefällt mir   ☐ Weitererzählen   ☐ Kommentieren

▶ Gott hat ein großes Interesse an deinem Leben.

▶ Gott möchte wissen, was du über ihn denkst. Sag es ihm.

„Gott gab uns ein Gesicht, lächeln müssen wir selbst."

Je mehr Vergebung, Demut, Güte, Glaube, Hoffnung und Liebe wir empfangen, desto mehr können wir auch davon weitergeben.

☐ Gefällt mir   ☐ Weitererzählen   ☐ Kommentieren   September 2012

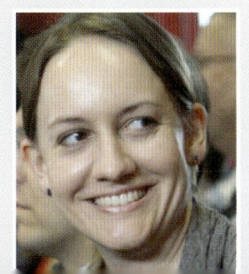

▶ Lass dir mehr von Jesus geben – dann strahlst du noch mehr.

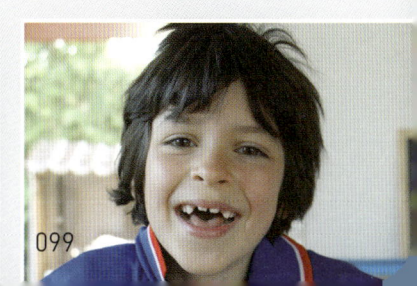

Am Nullpunkt

Vielleicht steckst du gerade in einer sehr stressreichen Zeit in deinem Leben und hast den Eindruck, dass du es nicht länger schaffst. Ich möchte, dass du weißt, dass du nicht der Einzige bist, dem es so geht. Selbst einige der größten Männer und Frauen Gottes haben das durchgemacht, was du gerade erlebst.

Einer diese Menschen war der Prophet Elia. Nach einem großen geistlichen Sieg über die Priester des Baal (s. 1. Könige 19,4-6) ist er auf der Flucht und zweifelt daran, ob sein Leben noch lebenswert ist! Elia hatte diesen Nullpunkt in seinem Leben erreicht. Es war nichts übrig geblieben. Er hatte alles gegeben und sein Tank war jetzt leer!

Vielleicht beschreibt das, wie es dir gerade geht? Bist auch du kurz vor dem Aufgeben? Sagst du auch: „Ich habe genug. Ich bin erledigt. Genug des Drucks, genug der Kämpfe!"

Vor einiger Zeit war ich mehrere Wochen lang mit meiner Mannschaft auch am Nullpunkt. Nach sieben Spielen waren wir Tabellenletzter! Die Kritik an mir wurde immer lauter. Ich war voller negativer Gedanken wie zum Beispiel: „Komm, schmeiß alles hin, es bringt ja doch nichts, hier weiterzuarbeiten." Ich zweifelte nicht an Gott, aber ich konnte ihn einfach nicht verstehen! Ich fühlte mich kraftlos. Tagelang war ich nicht mehr in der Lage zu beten oder in der Bibel zu lesen. Oft, weil ich einfach zu müde war. Diese negative Situation hatte mich voll im Griff. Ich hatte so viel Zeit in meinen neuen Club investiert, konnte aber keine Fortschritte erkennen. Nicht nur meine Mannschaft war im Tabellenkeller, auch ich war am Nullpunkt angekommen! Dann spürte ich in meinem Herzen, dass ich alles aus eigener Kraft schaffen wollte. Ich hatte Gott zwar auf meine Reise mitgenommen, aber mich nicht von ihm führen lassen! Als ob Gott mir zeigen wollte: „Hey, Colin, du kannst dich noch so sehr anstrengen, aber ohne mich bist du Letzter mit deiner Mannschaft!"

Ich bat ihn um Verzeihung und habe dann gebetet, dass Jesus mir ein klares Zeichen gibt, ob ich am richtigen Ort bin oder nicht. Unser nächstes Spiel nach dieser Erkenntnis war gegen den FC Bayern. Ich hoffte, Jesus würde mir ein Zeichen in Form eines Sieges (!)

oder zumindest eines Unentschiedens schicken. Aber es kam anders, ganz anders! Wir verloren das Spiel mit 0:1. War das das Zeichen? Wollte Jesus mir zeigen, dass meine Zeit in Bad Neuenahr nach nur vier Monaten vorbei war?

Bevor ich mich 2004 bekehrte, hatte ich nach einem Spiel mit meinem damaligen Verein Mainz 05 in Pfullendorf von einem älteren Mann die Sportler-Bibel „Mit vollem Einsatz" geschenkt bekommen. Ich wusste damals natürlich nicht, dass diese Begegnung und die Sportler-Bibel mein Leben total verändern würde! Klar, ich habe oft an diesen Tag gedacht, aber wie dieser Mann aussah bzw. hieß, wusste ich nicht!

Zurück zum Spiel gegen den FC Bayern. Nach dem Spiel war ich endgültig am Nullpunkt! Allein in meiner Trainerkabine, sagte ich zu Gott: „Okay, Gott, das war klar genug. Ich gebe auf in Bad Neuenahr! Ich möchte, dass dein Wille in meinem Leben geschieht." Als ich die Trainerkabine verließ, sprach mich ein älterer Mann an. Er fragte höflich, wie es mir gehe, und sagte, es tue ihm sehr leid, dass wir wieder verloren hätten. Ich war erleichtert, dass er nicht fragte, wieso wir verloren hatten. Dann stellte er mir noch eine Frage: „Colin, erkennst du mich nicht?" Etwas verblüfft fragte ich: „Nein, wieso?" Er antwortete: „Colin, ich bin es, der dir in Pfullendorf die Sportler-Bibel gegeben hat. Ich soll dir sagen, dass du hier bleiben sollst und dass du am richtigen Ort bist." „WAS?!", sagte ich. Das saß wie ein Kinnhaken von Klitschko. Als Elia am Ende seiner Kräfte war, griff Gott ein. Jetzt war ich am Ende meiner Kräfte und Gott griff ein!

Am Ende deiner Kräfte, am Nullpunkt zu sein, ist kein schlechter Ort, zumindest wenn du auf Gott schaust. Denn er ist bereit, dir in diesem Augenblick zu begegnen.

Gott ist derselbe – gestern, heute und in alle Ewigkeit. Er ist und bleibt treu!!

Gott segne dich!

Colin Bell – ehemaliger englischer Fußballspieler und heutiger Fußballtrainer

☐ Gefällt mir   ☐ Weitererzählen   ☐ Kommentieren   15. April 2013

▶ Bist du am Ende deiner Kräfte? Ja? Das ist der wichtigste Zeitpunkt, an dem du Gott in dein Leben eingreifen lässt.

▶ Gib ihm die Kontrolle, bevor bei dir alles außer Kontrolle gerät. Er liebt es, dir zu helfen. Sag es ihm.

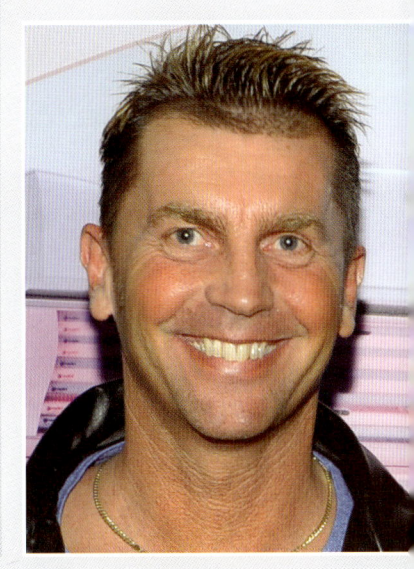

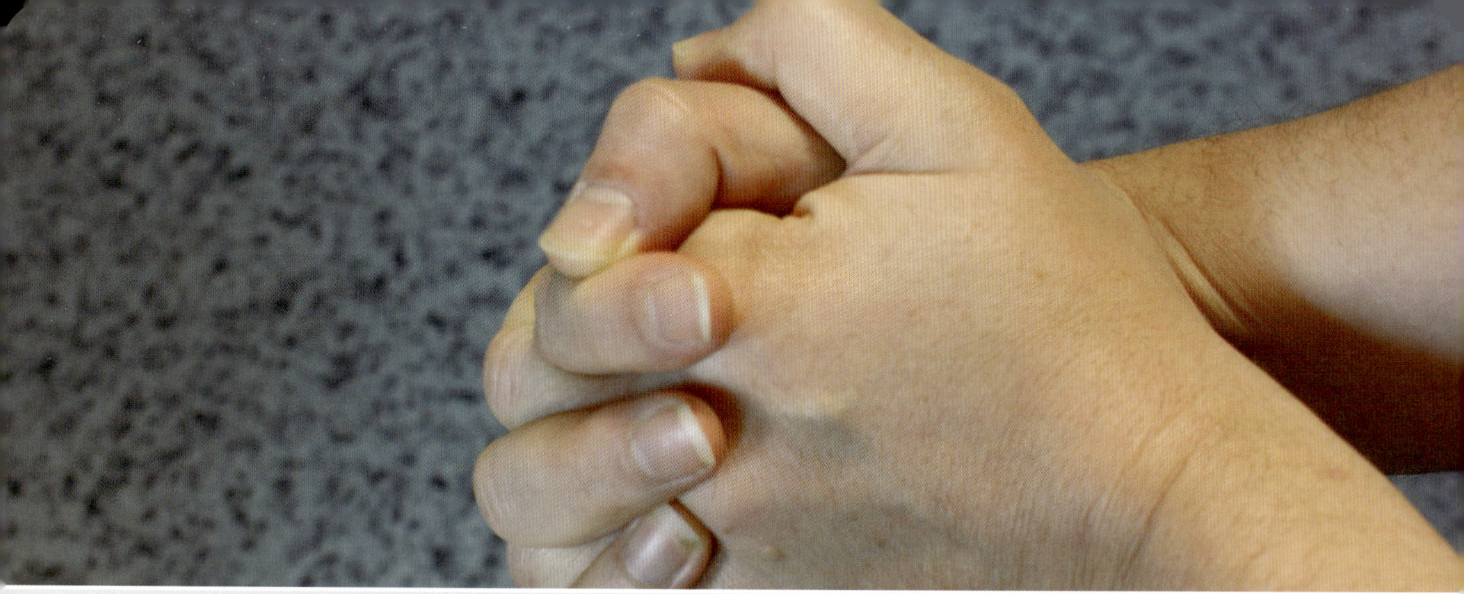

November 2012

☐ Gefällt mir ☐ Kommentieren ☐ Weitererzählen

Sturm „Sandy" bedroht New York

New York. In diesen Stunden merken wir, wie klein und hilflos wir sind. In diesen Stunden schreit man nach Gott. Man nennt das Reden mit Gott auch Gebet. Man darf auch mit ihm reden, wenn die Sonne scheint.

Man kann immer und überall mit ihm reden, auch wenn es viele stört oder wenn man belächelt wird. Doch wenn die Stürme des Lebens toben, sind all jene, die lachten, verurteilten und spotteten, nicht mehr da. Wenn alle gegangen sind: Er ist treu.

Schwere Stürme toben nicht nur auf dieser Erde, sondern oft auch in unserem Leben. Doch wer ihn hat, ist nie allein.

▶ Mach doch heute mal einen Gebetsspaziergang. Aber nicht nur selbst reden, sondern auch hören, was Gott spricht.

Totalschaden

Liebe Freunde und Bekannte,

meine Freunde Alexander Denk, Hilda und ich durften heute Gottes Schutz erleben. Gegen 12 Uhr standen wir auf der A 6 an einem Stauende, als ein PKW ungebremst in uns hineinraste und uns auf das Vorderauto schob.
Der erste Schlag riss uns aus allen Gedanken. Beim zweiten Schlag, als wir auf das vordere Auto knallten, rechneten wir mit mehr. Doch im Angesicht des Todes fühlten wir uns alle in Gott geborgen. Ich kann das nicht anders beschreiben.
Die Unfallverursacherin liegt nun auf der Intensivstation. Unsere und vielleicht auch eure Gebete gelten ihr. Nachdem wir aus meinem Auto (Volvo XC 90) rausgekrochen kamen und uns um die Verletzte und den Notruf gekümmert hatten, dankten wir Gott.
Ich schreibe das hier zur Ehre Gottes! Wenn man den Tod vor Augen hat, weiß man, wohin das Flehen geht. Und wenn man dann auch noch kaum verletzt wurde, weiß man, wo der Dank hingeht.

Deshalb danke ich Gott. Er hat uns bewahrt.

Ich bitte euch um Gebet für die Frau auf der Intensivstation.

Trotz aller Dankbarkeit und Bewahrung ist es für meine Familie und mich schwer. Bitte betet auch für uns.
Ich lege alles in die Hände Gottes.
Als mein Auto zweimal durchgeschleudert wurde, war Gott da, er trägt mich. Dieses Wissen und dieses unbegreifliche Gefühl wünsche ich euch allen.

Herzlichst, Euer Michael

☐ Gefällt mir   ☐ Weitererzählen   ☐ Kommentieren   November 2012

▶ Was möchtest du, dass deine Freunde bei deiner Beerdigung sagen?
Was sind die wichtigsten Punkte?

▶ Und jetzt handle danach.

Gedanken zum prophezeiten Weltuntergang

Die Welt ist noch da!

Ein perfekter Grund für Esoteriker, sich das Ganze noch einmal zu überlegen und es mit Jesus zu versuchen. Er ist zuverlässig und treu! Er ist der Einzige, der unseren Schlamassel nimmt und uns ein neues Leben schenkt. Gott wird Mensch und wird uns in allem gleich, außer in der Sünde.
Er hat für alles am Kreuz bezahlt. Vieles in dieser Welt ging zu Bruch, vieles wurde zerstört und verletzt. Einer musste für den Schaden aufkommen. Deswegen sandte Gott seinen Sohn in die Welt. Ihm können wir alles Zerbrochene geben, alle Wunden und alle Verletzungen. Weltuntergang? Nein, das dauert noch.
Doch für viele geht täglich die Welt unter. Menschen, die tagtäglich in Schule, Freizeit und Beruf gemobbt und gequält werden.

Es gibt fast 1 Mrd. Menschen, die nichts zu essen haben.
Jedes Jahr werden 200.000 Christen für ihre Liebe zu Jesus ermordet.
Es gibt Menschen, die im Krieg und Chaos leben.
Es liegt an jedem Einzelnen, dass die Welt wieder mehr Licht und Freude sieht und dass die Sonne für einige schnellstens wieder aufgeht.
Ein nettes Wort, eine Geste des Vergebens, ein „Ich hab dich lieb!" zu den Kids oder den Eltern.

Gott verspricht jedem, der ihn kennen möchte:
„Niemals werde ich dir meine Hilfe entziehen, nie dich im Stich lassen."

☐ Gefällt mir   ☐ Weitererzählen   ☐ Kommentieren   22. Dezember 2012

▶ „Niemals werde ich dir meine Hilfe entziehen, nie dich im Stich lassen."
(Josua 1,5)

Was bewirkt das in dir?

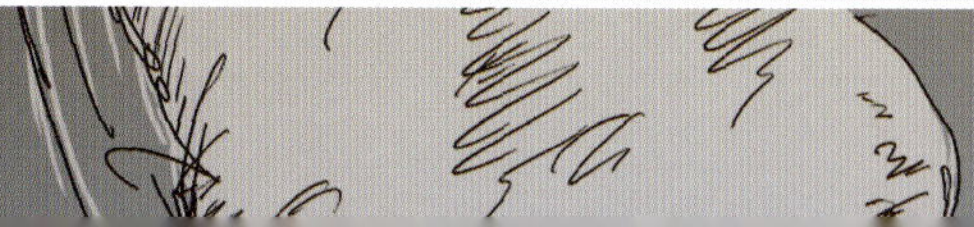

Gott hat Humor

Einen Tag nach dem Weltuntergang der Wahrsager und Zeichendeuter ist das hier die Losung von Sonntag, dem 23. Dezember 2012:
„Ihr sollt euch nicht wenden zu den Geisterbeschwörern und Zeichendeutern und sollt sie nicht befragen, dass ihr nicht an ihnen unrein werdet; ich bin der Herr, euer Gott." (3. Mose 19,31)
„Er hat uns errettet von der Macht der Finsternis und hat uns versetzt in das Reich seines lieben Sohnes." (Kolosser 1,13)

☐ Gefällt mir   ☐ Weitererzählen   ☐ Kommentieren   23. Dezember 2012

▶ Hast du dich von Gott schon „versetzen" lassen?

Schuld und Scham

Eines muss ich noch kurz loswerden. Ich bin in den letzten Tagen wieder so vielen traurigen, elenden und kaputten Menschen begegnet. Ich bin so froh, dass ich ihnen das Wertvollste näher bringen kann, was ich habe, die Liebe zu Jesus.
Ich muss gerade daran denken, dass Petrus Jesus dreimal verleugnete. Dann stehen sich die beiden eines Tages plötzlich wieder gegenüber. Jesus klagt ihn nicht an, macht keine Vorhaltungen, maßregelt ihn nicht, nein, er bittet Petrus, mit ihm zu frühstücken, und dann fragt er ihn dreimal: „Hast du mich lieb?" Für jede Verleugnung fragt er ihn: „Hast du mich lieb?"
Was für ein Gott! Schaut euch das Leben von Religionsstiftern an. Schaut in die Literatur. Lest in Geschichtsbüchern nach. Einen wie Jesus gibt es kein zweites Mal.

Das tröstet mich. Ich habe so viele Fehler begangen, bin Gott, Menschen und mir selbst gegenüber so schuldig geworden und er kommt mitten in mein Versagen, in meine Angst und mitten in meine Dunkelheit und fragt mich: „Hast du mich lieb?"

Ob ich dich lieb habe, Jesus? Und wie! Du bist die Liebe meines Lebens.
Auch wenn ich Schuld auf mich lade und in Angst und Chaos lebe und selbst wenn mich Dunkelheit umgibt – du bist mein Licht und ich liebe dich.

▶ „Wer nicht liebt, hat Gott nicht erkannt; denn Gott ist Liebe. Dadurch ist Gottes Liebe unter uns offenbar geworden, dass er seinen einzigen Sohn in die Welt sandte. Durch ihn wollte er uns das neue Leben schenken."
(1. Johannes 4,8-9)

Lies den 1. Johannesbrief weiter und sei begeistert von Gott.

☐ Gefällt mir   ☐ Weitererzählen   ☐ Kommentieren

Helden

Alle Helden der Geschichte, der Literatur und der Filme hatten Feinde. Winnetou hatte die Banditen gegen sich. Der Gladiator den Kaiser. Robin Hood den Sheriff von Nottingham. Alle, die für das Gute kämpfen, haben Feinde. Auch der größte Held Jesus hatte Feinde. Es ist der Kampf des Gerechten, der das Böse aufstachelt. Doch in all dem Streben wird unsere Sehnsucht gestillt, sie gibt uns unseren Wert und unsere Identität.

„Sei mutig und entschlossen und fürchte dich nicht, denn Gott, dein Vater, ist bei dir, wohin du auch gehst." (vgl. Josua 1,9)

Also, lasst euch von den Banditen und den Nellie Olesons dort draußen nicht aufhalten! Ach ja, selbst die kleine „Laura Ingalls" aus der Serie „Unsere kleine Farm" kämpfte für das Gute und hatte Nellie Oleson als Feind. ☺

☐ Gefällt mir   ☐ Weitererzählen   ☐ Kommentieren

▶ Kennst du deine Feinde?

Glaube das, was Gott über dich sagt, nicht was Menschen über dich sagen.

Das Böse hat nichts Gutes mit dir vor.

Eltern ehren

Liebe Väter, bitte vergesst niemals, dass ihr die ersten Helden unserer Kinder seid.
Im 4. Gebot steht: „Ehre Vater und Mutter, dann wird es dir gut gehen."
Auf Gottes Wort ist Verlass. Auch wenn ihr nicht an ihn glaubt, ändert das nichts
an dieser Wahrheit.

Wann hast du deinen Eltern zuletzt gesagt, dass du sie liebst?
Ich habe Unfassbares erlebt, was dieses Gebot angeht.

☐ Gefällt mir   ☐ Weitererzählen   ☐ Kommentieren

▶ Mach es auf deine Art,
aber mach es.

Wahre Liebe

Wahre Liebe gibt alles, ohne für sich selbst zu fordern.
So hat Jesus das gemacht. Er gab uns sein Leben, ohne etwas von uns zu fordern. Wir dürfen es als Geschenk annehmen. Er gab seine Liebe und sein Leben für dich und für mich, weil er jeden einzelnen Menschen so sehr liebt, als gäbe es keinen anderen Menschen auf der Welt.

☐ Gefällt mir   ☐ Weitererzählen   ☐ Kommentieren

▶ Hilf heute jemandem, der weniger hat als du. Hilfe ist nicht nur Geld geben. Hilfe ist mehr.

Himmelfahrt: Meine Gefühle und Gedanken

Was musste Jesus in dieser Welt erleiden, bevor er in den Himmel fuhr?
Heute sah ich sie in Scharen wandern. Viele sah ich beim Saufen.
Haben sie an „Himmelfahrt" an ihn gedacht? Oder war es nur ein freier Tag?
Mit Jesus ist jeder Augenblick ganz speziell.
Wir sind nie allein. Durch Jesus versöhnt sich diese Welt mit Gott.

☐ Gefällt mir   ☐ Weitererzählen   ☐ Kommentieren   17. Mai 2012

▶ Lies doch nach, wie das mit der Himmelfahrt damals war: Apostelgeschichte 1,1-14

Als Gott uns schuf

Als Gott uns schuf, legte er voller Liebe einen Teil von sich selbst in uns.
Wenn wir Gott ablehnen, lehnen wir einen Teil von uns selbst ab.
Wenn wir Gott ignorieren, ignorieren wir einen Teil von uns selbst.
Wenn wir Gott verspotten, verspotten wir einen Teil von uns selbst.
Wenn wir Gott nicht lieben, haben wir uns selbst nicht einmal lieb.
Wer Gott gefunden hat, hat ein Zuhause gefunden und ruht in sich selbst.

☐ Gefällt mir   ☐ Weitererzählen   ☐ Kommentieren

▶ „Wer unter dem Schutz des höchsten Gottes lebt, darf ruhen bei ihm, der alle Macht hat."
(Psalm 91,1)

Vater

Das ist die „Gute Nachricht", die uns Jesus vor 2000 Jahren brachte:
Gott ist ein liebevoller und gerechter Vater!
Die einzige Frage, die jeder Mensch für sich selbst beantworten muss, ist:
Möchte ich ein Kind Gottes sein?

☐ Gefällt mir ☐ Weitererzählen ☐ Kommentieren

▶ Als Kind Gottes zu leben ist eine tägliche Entscheidung. Genauso wie aufstehen oder mit dem Auto von A nach B fahren.

Zugfahrt des Lebens

Ich vergleiche das Leben gerne mit einer Zugfahrt. Da gibt es welche, die denken, dass sie nach langer Fahrt in den nächsten Zug umsteigen können, und das immer wieder. Aber sie kommen nie wirklich an. Dann gibt es welche, die steigen in den Zug ein und wissen gar nicht, wohin die Fahrt geht. Dann gibt es welche, die hoffen, am Ziel des Tages anzukommen, und sind doch voller Ungewissheit, ob es überhaupt ein Ziel gibt. Ich weiß: Wenn meine Fahrt zu Ende ist, steht Gott, der Vater, am Bahnhof und schließt mich liebevoll in seine Arme. Dann bin ich zu Hause angekommen.

☐ Gefällt mir   ☐ Weitererzählen   ☐ Kommentieren

▶ Wo fährt dein Zug hin?

Impulse aus Landshut

Komme gerade aus Landshut zurück. Das war eine sehr bewegende Zeit. Kids, die zu Hause kaum was zu lachen haben, bekamen heute Anerkennung und Wert. Ein Mädchen (18 J.) sagte ihren geschiedenen Eltern heute zum allerersten Mal in ihrem Leben, dass sie sie lieb hat.
Ein 38-Jähriger will heute Nacht zu seinem Vater gehen und Frieden machen.

Ich danke Gott für diesen Tag und lege die Nacht in seine Hände.
Ich sage der Welt dort draußen: Gott hat euch lieb!

☐ Gefällt mir   ☐ Weitererzählen   ☐ Kommentieren   März 2012

▶ Wie war dein Tag heute?

▶ Freust du dich auch an Kleinigkeiten?

Einer bleibt

Viele Staatsmänner kamen und gingen.
Stars kamen und gingen.
Philosophen, Dichter und Denker kamen und gingen.
Doch einer bleibt, wenn alle gegangen sind.
Einer hält zu dir, wenn es keiner mehr tut.
Einer liebt dich, wenn dich keiner mehr liebt.
Jesus sagt: „Ich bin bei dir alle Tage deines Lebens, bis an das Ende der Welt."
(vgl. Matthäus 28,20)

☐ Gefällt mir ☐ Weitererzählen ☐ Kommentieren 20. November 2011

▶ Nimm dir einfach mal Zeit, Gott zu danken – auch für ganz Alltägliches.

Und schau nur auf ihn, nicht auf deine Umstände.

Er ist immer da.

Dein Gebet

Mein Gott und Vater,

danke, dass du mich liebst und gute Gedanken für mein Leben hast.
Es tut mir leid, dass ich mich nicht um dich gekümmert habe
und Dinge getan habe, die dir nicht gefallen. Bitte vergib mir.

Danke, Jesus, dass du für meine Schuld am Kreuz gestorben bist.
Heile, befreie und verändere mich so, wie du es schon immer geplant hast.
Jesus Christus, bitte übernimm du die Leitung in meinem Leben.
Ich will dir vertrauen.

Amen.

☐ Gefällt mir ☐ Weitererzählen ☐ Kommentieren

▶ Bestätigung

☐ Ich habe dieses Gebet zu meinem gemacht und bin jetzt ein Kind Gottes:

Datum

Ort

Danke, Jesus.

Impressum

1. Auflage 2013
© 2013 Michael Stahl und Rainer Zilly
© 2013 GloryWorld-Medien,
Bruchsal, Germany
Alle Rechte vorbehalten

Fotos: Rainer Zilly
Fotos der Personen mit Gastbeiträgen: privat,
außer S. 029 Déborah Rosenkranz:
Foto Hans J. Kröger,
S. 055 Alexander Dimitrenko:
Fotos Klaus Frevert

Bibelzitate (siehe rechte Spalte):
GNB: Gute Nachricht Bibel, 2002
LUT: Lutherbibel, Revidierte Fassung von 1984
sonstige Bibelverse frei zitiert

Lektorat: Katja Riedel

Gestaltung/Satz: Rainer Zilly,
www.kreativ-agentur-zilly.de

Printed in Turkey

ISBN: 978-3-936322-82-8

Bestellnummer: 359282

Bestelladresse: siehe unten

Interessante Links

www.adam-online.de –
für den Mann mit Werten

www.cmt24.de – Christus trainiert
Männer – von Mann zu Mann

www.deborah-rosenkranz.com –
alles über Déborah Rosenkranz

www.dimitrenko.eu –
mehr über Alexander Dimitrenko

www.gekreuzsiegt.de – Mandy erzählt
locker und lässig vom Glauben an Jesus

www.gloryworld.de –
ein Verlag mit wertvollen Büchern

www.gottkennen.de – unkompliziert und
verständlich über Gott und Jesus

www.kreativ-agentur-zilly.de –
Grafik, Figuren, Illus und mehr

www.security-stahl.de –
alles über Michael Stahl

Bibelzitate Auswahl

S. 012	Psalm 139,5	GNB
S. 013	Johannes 3,16	GNB
S. 019	Johannes 8,12	LUT
S. 026	Philipper 4,13	GNB
S. 028	Markus 9,23	GNB
S. 029	Römer 8,37	GNB
S. 031	Markus 15,39	LUT
S. 039	Psalm 18,3	GNB
S. 044	Kolosser 3,23	GNB
S. 048	Jeremia 31,3	GNB
S. 059	Römer 12,21	LUT
S. 060	Psalm 127,3	LUT
S. 069	Sprüche 3,6	GNB
S. 069	Psalm 121,8	GNB
S. 069	Sprüche 16,9	GNB
S. 073	1. Joh. 4,16b	LUT
S. 074	Johannes 16,20	GNB
S. 076	Matthäus 5,11	LUT
S. 077	Johannes 1,11	LUT
S. 078	Galater 6,7-8	GNB
S. 081	Johannes 14,6	LUT
S. 085	Römer 12,2	GNB
S. 089	Römer 5,5	LUT
S. 090	Psalm 91,11	LUT
S. 092	Joh. 10,27-29	GNB
S. 097	Josua 1,9	GNB
S. 104	Josua 1,5	GNB
S. 105	3. Mose 19,31	LUT
S. 105	Kolosser 1,13	LUT
S. 106	1. Joh. 4,8-9	GNB
S. 109	Psalm 91,1	GNB